Mit tatkräftiger Unterstützung durch meine liebe Ehefrau!

Herbert Alt

Z
U
K R E U Z E
F
A
H
R
E
N

Der Ratgeber für Kreuzfahrer
mit vielen Anekdoten zum Schmunzeln

Bibliografische Information der Deutschen Nationalbibliothek:

Die Deutsche Nationalbibliothek verzeichnet diese Publikation in der Deutschen Nationalbibliografie; detaillierte bibliografische Daten sind im Internet über http://dnb.dnb.de abrufbar.

2. Auflage 2017/10

Herstellung und Verlag: BoD – Books on Demand, Norderstedt

ISBN 9-783746-012513

Warum? Weshalb? Wieso?

Warum ich dieses Buch schreibe? Weil wir, meine geliebte Frau und ich, vielleicht nie auf die Idee gekommen wären, eine Kreuzfahrt zu unternehmen. Zu viele Unbekannte in der Gleichung!

Wird das nicht langweilig, so den ganzen Tag auf einem Schiff eingepfercht? Und man muss den ganzen Tag nur essen! Die Klimaveränderung – hält das mein Körper aus? Schlafen auf einem Schiff, bei Motorlärm und in unbequemen Kojen?

Aber zum Glück hat man uns eines Besseren belehrt: Die Zeiten der Galeerensträflinge sind vorbei. Und an einer Völlerei wäre man ja schließlich selber schuld. Auf einem Flug wird man viel schneller in eine neue Klimazone versetzt als in einem mit maximal 40 Kilometer pro Stunde dahindampfenden Schiff! Und der Lärm, den bekommt bestenfalls die Besatzung tief im Bauch eines Schiffes mit, in die Kabinen mit ihren modernen und recht bequemen Betten dringt höchstens noch ein einschläferndes Brummen.

Weshalb schreibe ich dann ein Buch, wenn ich doch schon mit meinen Erfahrungen zufrieden bin. Dabei könnte ich es ja belassen! Hauptsache, wir wissen, wie Kreuzfahrt geht. Nein, weil ich vermeiden möchte, dass es Ihnen so geht wie meiner Frau und mir, als wir unsere erste Kreuzfahrt gemacht haben. Weil es viele Situationen gab, bei denen wir uns sehr unsicher gefühlt haben, und die Mitreisenden waren auch nicht immer eine große Hilfe. Weil wir nicht wussten, an wen wir uns bei dieser oder jener Frage wenden können. Weil wir einige Aktivitäten an Bord nicht zu deuten wussten. Weil wir wahrscheinlich schon bei der Planung unserer Reise das eine oder andere vergessen haben.

Und genau das soll Ihnen nicht passieren! Gut, wenn Sie vom Typ her ein ausgesprochener Abenteurer sind, dann legen Sie das Buch lieber wieder weg! Sonst kann es für Sie auf der Reise langweilig werden. Wenn Sie jedoch lieber ein gewisses Maß an Sicherheit mitnehmen wollen, dann sind Sie hier richtig. Keine Sorge, wir können Ihnen hier nicht die ganze Reise automatisieren, aber eine gute Checkliste von den ersten Überlegungen bis zur Rückkehr in den heimatlichen Hafen hat wohl noch niemandem geschadet.

Und wieso muss es dann noch ein Buch auf dem Markt geben, wenn es doch schon meterweise Kreuzfahrtliteratur gibt? Tja, eigentlich sagt man: Wer sucht, der findet. Aber wir haben auch lange im Buchladen unseres Vertrauens gesucht, aber fündig sind wir nicht geworden! Eine brauchbare Anleitung für Kreuzfahrt-Neulinge und Kreuzfahrt-Enttäuschte, nicht zu dick und nicht zu mager (nicht die Neulinge, sondern die Bücher), nicht zu trocken, aber auch nicht zu albern, nicht zu wissenschaftlich, dass man einen Vorkurs belegen müsste und nicht zu banal, um langweilig zu sein. Das gab es nirgends.

Und so entstand dieses Werk mehr aus Verzweiflung. Unsere Freunde werden demnächst auch eine Kreuzfahrt antreten. Da wollte ich einfach nicht abwarten, dass sie in die gleichen Fettnäpfchen treten wie wir, beziehungsweise in die wir beinahe getreten wären.

Dass man auf einer Kreuzfahrt so allerlei erleben kann, ist erst mal gar nicht so leicht vorstellbar. Ich habe einige Episoden unserer bisher vier Kreuzfahrten zur Auflockerung in dieses Werk eingefügt (*kursiv gesetzt*). Sie sollen nicht abschrecken, sondern viel mehr zeigen, wie sich die teilweise prekären Situationen doch schließlich lösen lassen!

Machen Sie sich auf den Weg zum Reisebüro – die Prospekte warten. Meine Frau und ich wünschen Ihnen einen herrlichen Urlaub auf See!

Ihr Herbert Alt

Inhalt

Anekdoten sind kursiv gesetzt!

Die Entscheidung

So, so – also auch Sie wollen dem Trend folgen und zur See fahren!? Damit folgen Sie nicht nur Columbus, Magellan, Scott, Amundsen und vielen anderen Berühmtheiten auf den Fuß – oder besser auf die Welle -, sondern auch unzähligen Reisehungrigen, für die die Kreuzfahrtbranche heute kleine, große und noch größere schwimmende Hotels bereithält.

Woher kommt Ihre Idee, auf Kreuzfahrt zu gehen? Bekannte haben Ihnen von deren Reise vorgeschwärmt? Ein Prospekt im Briefkasten hat Sie mit seinen Hochglanzbildern fasziniert? Oder eine Fernsehsendung hat

Bremen   © Andreas Preuß@pixelio.de

Sie neugierig gemacht? Möglicherweise spekuliert Ihr Reisebüroberater auf eine saftige Provision? Egal, die Entscheidung ist eigentlich schon gefallen. Aber ist Ihnen auch klar, auf welches Abenteuer Sie sich da einlassen?

Sie werden vielleicht tagelang nur Wasser sehen! Und sollten auch noch heftige und vor allem lange Wellen dazu kommen, werden Sie eventuell auch ein paar Tage ausschließlich Ihre Kabine vom Bett aus sehen – bis Sie Ihre Seekrankheit zum neuen Standard erklärt haben und sie ignorieren können.

Sie werden in einem Areal von rund 300m Länge und 30m Breite eingesperrt sein: mal kurz einen Waldspaziergang unternehmen oder eine Runde Radfahren? Besser, Sie verlegen sich aufs Schwimmen, müssten dann aber die rund 20 Knoten (etwa 37km/h) des Schiffs mithalten können!

Sind Sie über die „sozialen Netzwerke" permanent mit Ihren Lieben verbunden, damit Sie immer auf dem neuesten Stand bezüglich Enkelkindern sind? Fehlanzeige – denn eine dauerhafte Netzverfügbarkeit kann Ihnen kein Schiff garantieren! Und wenn, dann planen Sie in Ihr Reisebudget gleich die hohen Datenkosten mit ein, denn mit der Reederei besteht garantiert kein Roaming-Abkommen!

Also - warum wollen Sie sich das alles antun? Weil es ja durchaus sein kann, dass Sie der Seekrankheit trotzen, an Bord die notwendigen Betätigungsmöglichkeiten finden werden, und sogar die Ruhe vom sonst permanent piependen Smartphone genießen können.

Und weil Sie den perfekten Service der 400 bis 1000 Köpfe zählenden Besatzung genießen. Und weil Sie das leckere Essen im 5-Sterne-Ambiente nicht verschmähen. Und weil Sie sich auf die interessanten, amüsanten und weiterbildenden Ausflüge in unterschiedlichsten Häfen freuen. Und weil Sie froh sind, nicht jeden Morgen wieder

Koffer packen zu müssen, um ins nächste Hotel umzuziehen und trotzdem die Welt bereisen können. Und weil Sie einfach mal ausspannen wollen. Und… und… und…

Aber möglicherweise gibt es auch einen bestimmten Grund, sich mal etwas Besonderes zu gönnen? Eine Hochzeitsreise vielleicht? Oder ein rundes Jubiläum? Auf jeden Fall: Freuen Sie sich darauf! Sie werden eine unvergessliche Reise antreten, und Ihre Freunde werden Sie bestimmt beneiden!

In diesem Büchlein werden Sie viele wichtige, vielleicht auch interessante oder zumindest zum Schmunzeln verführende Informationen zu Ihrer bevorstehenden Reise finden; und wenn Sie einige davon in Erinnerung behalten werden, wird die Kreuzfahrt bestimmt kein unkalkulierbares Abenteuer für Sie werden!

Die Auswahl

Es werden heute mehr Kreuzfahrten angeboten als Wurst-
sorten beim gut sortierten Metzger. Nach welchen Krite-
rien wollen Sie Ihre Auswahl treffen? Reiseziel und Reisedauer sind sicher von Bedeutung, ein gewisses Niveau,
sprich eine bestimmte Sterne-Kategorie, wäre auch nicht
schlecht. Und die Kabine soll sicher auch nicht zu klein
sein!

Aber was sagt Ihnen der Blick auf Ihren Kontoauszug?
Dummerweise reißen schöne lange Weltreisen gleich ein
riesen Loch ins Portemonnaie. Die Preise klettern nahezu
linear mit der Reiselänge, und die Queen Mary II ist sicherlich wesentlich teurer als eine Fahrt mit einem Fracht-
kahn, darum werden Sie auch bei letzterem eine deutlich
längere Reise fürs gleiche Geld bekommen können.
Schließlich ist der Platz auf einem Schiff immer knapp.
Eine geräumige Kabine kann schnell das Doppelte einer
Standardunterbringung kosten!

Als Neuling im Club der Kreuzfahrer wählen Sie auf keinen Fall gleich die große Weltumrundung. Probieren geht
über Studieren! Auch in nur einer Woche können Sie das
Kreuzfahrt-Gefühl intensiv erleben. Es gibt sogar für no-
torische Skeptiker Mini-Kreuzfahrten mit ein oder zwei
Tagen Dauer. Da freut sich auch der Geldbeutel, selbst
wenn dieser Ausflug mit einem richtigen Luxusdampfer
erfolgt!

Wo startet eigentlich Ihre Kreuzfahrt? Sofern Sie nicht direkt an einem Hochseehafen wohnen, müssen Sie die Anreise gründlich bedenken. Darf es dann ein Hin- und Rückflug zum Ausgangs- und Zielhafen sein? Oder lieber mit der Bahn? Mit dem Flugzeug gibt es Gewichtsbeschränkungen, die sich aber zum Glück nur auf das Gepäck beziehen; denn beim Rückflug werden wohl auch Sie dank der guten Verpflegung an Bord ein paar Kilogramm „Übergepäck" angesammelt haben! Mit der Bahn dauert die Reise länger, und Sie sind spätestens bei Ihrer Ankunft mit „Kind und Kegel" im Hafen richtig urlaubsreif.

Balkon mit Stühlen   © Luise@pixelio.de

Nach diesen Überlegungen sind Sie gedanklich schon mal an Bord. Wo wollen Sie nun wohnen? Der Kapitän wird Ihnen seine Dreizimmerkabine sicher nicht zur Verfügung stellen! Aber ist die Kabine nicht eigentlich hauptsächlich zum Schlafen da? Zwei Betten passen in jede Kabine,

meist sogar nebeneinander oder zumindest nicht überei-
nander. Stockbetten sollten Sie – wenn überhaupt – nur
den Kindern überlassen! Kabinen mit Bullaugen sind klas-
sisch für Schiffsfahrten, allerdings lassen sich diese nicht
öffnen. Sie sind der Klimaanlage auf Gedeih und Verderb
ausgeliefert! Auch Fenster sind noch keine Garantie dafür,
dass es Frischluft gibt. Anders sieht es bei Balkonkabinen
aus: Selbst ein französischer Balkon erlaubt es, etwas von
der Meeresbrise einzuatmen. Und mit etwas Glück haben
sogar zwei Stühle auf dem Balkon Platz! Alles eine Frage
der Schiffsausstattung und natürlich auch eine Frage des
Geldes.

Damit wären die Rahmenbedingungen für den großen Urlaub abgesteckt. Haben Sie bei den verschiedenen Optio-
nen noch nicht den Mut verloren, geht es nun damit weiter,
die Angebote zu sichten. Ob Internet, TV, Reisebüro oder
Zeitschriftenwerbung – es gibt unendlich viele Möglichkeiten! Bei der ersten Kreuzfahrt ist es sicher ratsam, wenn
Sie das Reisebüro Ihres Vertrauens aufsuchen. Dort kann
man Ihnen das oft verwendete Fach-Chinesisch der Angebote ins Deutsche übersetzen. Außerdem kann die Fach-
kraft schon mal eine Vorauswahl treffen, damit Sie sich im
Dschungel der Prospektseiten zurechtfinden. Und welche
die richtige Reisezeit ist, weiß sie sicher auch.

Erstens kommt es anders...

Urlaub. Wir brauchen Urlaub! Meine Frau und ich sind wirklich bald urlaubsüberreif. Was sollen wir uns zur Erholung gönnen? Mallorca? Dolomiten? Ostfriesland? Alles schon gehabt, war schön und erholsam. Aber wir sind

Beide neugierig. Neugierig, nicht unbedingt abenteuerlustig! Es soll sich ja nicht nur der Körper entspannen, sondern auch Geist und Seele. Was könnten wir denn sonst in diesem Sinne machen?

Urlaub   © Juergen.Jotzo@pixelio.de

Das Internet bietet uns die ganze Welt an, aber auf unsere Bedürfnisse geht es nicht so recht ein. So gut kennt es uns wohl auch nicht! Aber kennen wir nicht jemanden, der uns einigermaßen gut kennt und nebenbei auch fast die ganze Welt? Den müsste man mal fragen! Der freundliche Herr F. in unserem Reisebüro, gleich unten an der Straße, der erfüllt doch diese Bedingungen und ist auch immer zu einem Schwätzchen aufgelegt.

Noch am selben Tag sitze ich in seinem Reisebüro. Und ich erzähle ihm zwischen dem Studium diverser Reisekataloge, dass sich meine Frau schon lange auch für die Hauptstädte rund um die Ostsee interessiert, wir beide aber eine deutliche Abneigung gegen die riesigen Kreuzfahrtpötte mit Tausenden von Passagieren haben. Wie könnten wir das eine tun, ohne das andere zu lassen? Eine Flugreise von Stadt zu Stadt? Da müssten wir ja dauernd Kofferpacken. Eine Busreise inkl. Fähren? So viel Zeit haben wir nun auch wieder nicht.

Da steht Herr F. auf und verschwindet in seinem Hinterstübchen. Kurz darauf kommt er mit einem Katalog einer Reederei an, die uns zwar total fremd ist, die Schiffe auf dem Deckblatt aber eine erfreulich handliche Größe zu haben scheinen. Tja, das wäre doch ein perfekter Kompromiss: nicht täglich packen zu müssen, denn das „Hotel" fährt ja mit, viele der Städte an der Ostsee zu besuchen und ein Schiff, das nicht nur auf Rummel und Animation ausgelegt ist!

Ich nehme den Katalog mit nach Hause, und wir blättern ihn gemeinsam durch. Irgendwie kommen mir einige Bilder darin bekannt vor. Den Kapitän auf Seite 3 kennen wir doch auch!?

Dann fällt der Groschen: Es gibt doch immer wieder Folgen einer Serie im TV, die wir regelmäßig angeschaut haben. Und das auf dem Bild ist wirklich „unser" Kapitän vom Fernsehen. Der mit dem rollenden „rrrr"! Das weitere Studium der Unterlagen fasziniert uns immer mehr: Keine überflüssige Bespaßung an Bord, nur ein bisschen Sport mit Fitnessraum und Pool, und – für den, der es will – eine Show am Abend. Vielleicht noch ein Kinofilm. Das wars. Und zwischen 600 und maximal rund 1200 Passagiere. Genügend Freiraum also, um Körper und Geist entspannen zu lassen! Und die Städte der Ostsee. Ideal! Gebucht.

Da schwankten wir zwischen Gebirge und Insel hin und her, aber dann kommt es doch dank Herrn F. anders, als man zweitens denkt!

Die Buchung

Sie haben eine perfekte Reise ausgesucht? Reisezeit, Reisedauer, Reiseroute, Reisepreis stimmen? Dann könnten Sie mit etwas Glück buchen. Wenn nicht das ganze Schiff schon ausgebucht wäre! Das kann durchaus passieren, wenn Sie nur wenige Monate vorausplanen können. Kreuzfahrten bucht man mindestens ein Jahr im Voraus, sofern man seine konkreten Vorstellungen realisieren möchte.

Glück gehabt – es ist noch etwas frei! Haben Sie sich schon für eine Kabine entschieden? Welches Deck? Vorne oder hinten? Sie versuchen natürlich der Empfehlung des Reisebüromenschen zu folgen und suchen sich eine Kabine im mittleren Bereich aus – sowohl in Längsrichtung gesehen wie auch in der Höhe; damit geben Sie der Seekrankheit die wenigsten Chancen. Und die Wege auf dem Schiff sind auch nicht so weit. Ist in der Längsmitte die Nachfrage schon zu groß gewesen, könnten Sie im hinteren Bereich die Motorengeräusche stärker hören als im Frontbereich. Und wenn eine Bar oder ein Theater direkt über oder unter Ihnen ist, können Sie sich den Besuch dort ersparen, Sie bekommen in Ihrer Kabine sicher auch einiges davon mit.

Gratulation, Ihre Reise ist gebucht! Damit sind Sie sicher zum und vom Schiff unterwegs, und auch an Bord sind Sie untergebracht. Jedoch will Ihr Reiseagent noch einiges mehr über und von Ihnen wissen, was er dann der Reederei mitteilen muss. Sind Sie Vegetarier/in oder Allergiker/in? Muss eventuell eine Behinderung berücksichtigt werden? Auf all diese Fälle ist das Personal vorbereitet, aber es ist sinnvoll, wenn Sie das schon rechtzeitig bekanntgeben. Sogar Rollstuhlfahrer oder Dialyse-Patienten können auf vielen Schiffen versorgt werden!

Sofern Sie nur das weite Meer genießen wollen, sind Sie eigentlich mit den organisatorischen Vorbereitungen fertig. Aber möglicherweise planen Sie auch den ein oder anderen Landgang in den angesteuerten Häfen? Dann wäre es nicht ungeschickt, gleich bei der Buchung der Reise auch die

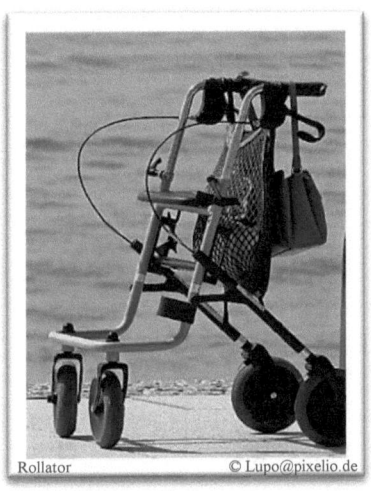
Rollator   © Lupo@pixelio.de

gewünschten Ausflüge mitzubuchen. Das Angebot ist vielfältig, und meist sind die Ausflüge in einem Hafen nicht kombinierbar – Sie müssen sich also entscheiden!

Manche Reedereien ermöglichen die Buchung der Ausflüge auch erst ein paar Wochen vor dem Reisebeginn; dann können Sie das selbst per Internet erledigen, oder Sie fallen nochmal Ihrem Reiseberater auf die Nerven.

Schließlich brauchen Sie vielleicht noch eine RRV – eine Reiserücktrittsversicherung und/oder eine AKV – eine

Auslandskrankenversicherung, am besten gleich eine RV – eine komplette und allumfassende Reiseversicherung. Oder Sie sind ein unverbesserlicher Optimist – dann brauchen Sie nichts davon!

Sie haben Post! In den nächsten Tagen wird Ihr Briefkasten von der Reederei mit den Buchungsdokumenten gefüllt sein. Bitte prüfen Sie genau deren Inhalt, es könnte sich ja ein Übermittlungsfehler eingeschlichen haben. Garantiert will die Reederei auch gleich nur Ihr Bestes – Ihr Geld. Die Zahlungsaufforderung für die Anzahlung ist sicher dabei. Beachten Sie Termine bitte genau!

Die Vorbereitungen

Der große Tag rückt näher! In ein, zwei Wochen startet Ihre Kreuzfahrt. So langsam sollten Sie daher ans Packen denken – und das ist wörtlich gemeint. Eine gute Planung erspart Ihnen möglicherweise zusätzlichen Stress; am besten Sie schnappen sich einen Notizblock und notieren Sie sich, was alles mit auf Reisen gehen soll. Der Umfang Ihres Gepäcks hängt, wie schon erwähnt, auch von der Art Ihrer Anreise ab. Aber was ist unbedingt erforderlich, was wäre „nice to have", und was kommt noch mit, wenn im Koffer doch noch ein Loch gestopft werden möchte?

Über Wasch- und Hygieneartikel sind Sie sich sicher selbst im Klaren; wie bei jeder Reise wissen Sie, was Ihre persönlichen Bedürfnisse und Vorlieben sind.

Darüber hinaus haben Sie sich informiert, mit welchen Temperaturen und Niederschlagswahrscheinlichkeiten Sie auf Ihrer Reise zu rechnen haben. Durchqueren Sie verschiedene Klimazonen? Dann wird die Kleidungsfrage kompliziert. Zwischen Westafrika und Spitzbergen werden Sie sich auf alle Wetterkonditionen einstellen müssen – vom Bikini bis zur Winterjacke. Eine gute Idee wäre da die Zwiebeltechnik! Lieber mehrere dünne „Schalen", die bei Bedarf an- und abgelegt werden können. Etwas Regendichtes gehört auf jeden Fall ins Gepäck. Und Schwimmsachen. Und eine Art leichter Trainingsanzug für das Trimmen! Wieso trimmen – Sie wollen sich doch erholen?

Tja, wenn Sie auf der Rückreise noch in Ihre Kleidung passen wollen, müssten Sie schon unterwegs etwas gegen die angehäuften „Rettungsringe" um die Körpermitte tun; jedes Schiff hat dafür ausreichend Fitness-Geräte und Sport-Angebote.

Für die Freizeit sollten Sie nun gut ausgerüstet sein – planen Sie nun die Sonderausstattung: Auf jeder Reise gibt es neben den täglichen Mahlzeiten (zu denen von den Herren zumindest am Abend eine lange Hose und von den Damen keine Badebekleidung erwünscht sind) ein zusätzliches Willkommensdinner, einen Kapitänsempfang, einen Abschiedscocktail und was der Reederei sonst noch an Highlights einfällt. Und dafür wäre vom Stil her ein Sakko beziehungsweise ein Cocktailkleid angebracht. Auch eine Krawatte oder ein langes Abendkleid könnten Sie mal wieder aus dem Schrank oder besser aus dem Koffer holen! Keine Sorgen, sollte Ihr bestes Stück – und hier ist das kleidungstechnisch gemeint – ein paar Knitter bekommen haben: jedes Kreuzfahrtschiff hat eine komplette Wäscherei mit Reinigung an Bord, und Sie können auch selbst im Waschsalon neben den Waschmaschinen und Trocknern zum Bügeleisen greifen.

Zu diesem Zeitpunkt, also ein, zwei Wochen vor Reiseantritt, machen Sie eine Kleiderschrankbegehung; nicht dass Sie gerade Ihr Cocktailkleid oder gar den Koffer der Schwester geliehen haben oder das Sakko den Motten zum Fraß vorgeworfen wurde! Noch ist Zeit, dies zu korrigieren.

Wird Ihnen schnell langweilig? Dagegen helfen kleine (!) Spielchen, Karten oder Domino zum Beispiel, auch mit einem Notizblock kann man viel anfangen. Aber, sollten Sie daran nicht gedacht haben, es gibt auch an Bord eine Bibliothek mit vielen Büchern und Spielen!

Machen Sie sich auf eine Unmenge an Eindrücken gefasst! Damit Sie später nicht alles durcheinanderbringen, werden Sie sicher ein paar (= Hunderte) Fotos machen. Oder planen Sie einen Videofilm zu produzieren? Dann denken Sie an ein Stativ; wenigstens ein einbeiniges sollte es schon sein, damit Ihre Zuseher später nicht auch noch „sehkrank" werden! Ist Ihre Foto-/Videoausrüstung komplett, sind die Akkus geladen – zwei sollten es schon sein –, genügend Speicherkarten leergeräumt? Zumindest letztere könnten Sie bei Bedarf überall nachkaufen, einschließlich im Fotoladen an Bord.

Für die Reise ist damit alles geregelt, aber wie sieht es zuhause aus? Wie in jedem Urlaub haben Sie auch dort alles Nötige organisiert.

Die Unterlagen

Kleidung, Unterhaltung, Foto/Video – alles klar! Aber wie steht es mit Ihren Unterlagen, denn ohne einige wichtige Papiere kommen Sie schon gar nicht bis zum Schiff!

Gaaaaaanz wichtig: Ihr Ausweis. Er muss, genau wie der Reisepass, den Sie sich unbedingt besorgen sollten, noch mindestens 6 Monate nach Ihrer geplanten Rückkehr gültig sein! Und das Foto sollte doch tatsächlich Ihnen ähneln!

Ebenso unerlässlich: In vielen Ländern sowohl im Osten wie im Westen ist ein Visum vorgeschrieben oder dringend empfehlenswert. Die notwendigen Schritte zu dessen Beschaffung hat Ihnen Ihr Reisebüro oder der Reiseveranstalter rechtzeitig mitgeteilt. Das ist von Reise zu Reise und von Land zu Land sehr unterschiedlich.

Kreditkarten oder Girokarten dürfen auch nicht abgelaufen sein, wenn Sie sich das eine oder andere Souvenir damit kaufen möchten.

Und wie sieht es mit Bargeld aus? Verlassen Sie den Euro-Raum, dann kann es praktisch sein, schon vor der Reise auf der Bank ein paar Scheinchen in der jeweiligen Landeswährung einzutauschen. Bewegen Sie sich in halbwegs zivilisierten Gegenden – dann würde dort auch ein Stopp an einem Geldautomaten, englisch ATM, ausreichen. Meist ist das Abheben im Land billiger als das Wechseln vorab. Vielleicht folgen Sie auch dem Rat, immer so viel Bargeld dabei zu haben, dass Sie damit wieder nach Hause kommen (oder zumindest in die nächste deutsche Botschaft).

Flugticket – meist papierlos – oder das Bahnticket und die

Geld   © artefaktum@pixelio.de

Einschiffungspapiere haben Sie im Handgepäck griffbereit und nicht im Koffer! Auch bei der Anreise notwendige Medikamente haben im aufgegebenen Gepäck nichts zu suchen, es sei denn, auch Sie selbst reisen im Gepäckabteil mit.

Haben Sie diese Hinweise berücksichtigt, dann sollten Sie es bis auf den Dampfer schaffen. Steht Ihnen schon Informationsmaterial in Form von Reiseführer oder Landkarten für Ihre Kreuzfahrtziele zur Verfügung, können Sie diese mit einpacken. Wenn nicht, dann bekommen Sie an Bord einiges darüber zu lesen, und während der Ausflüge ist immer eine geschulte Betreuung dabei – oft wird sogar ein lokaler Reiseleiter im Hafen die Gruppe begleiten.

Doppelt hält besser

Die Ostsee liegt nahe und bietet viele interessante Ziele. Die Krönung unserer Kreuzfahrt soll ein 2-tägiger Besuch der russischen Stadt Sankt Petersburg werden! Kommt man mit einem Kreuzfahrtschiff, benötigt man noch nicht einmal ein richtiges Visum für einen Tagesaufenthalt. Wenn man die übliche Visaprozedur kennt, ist dies eine echte Erleichterung!

Wir betreten also gegen 9 Uhr den russischen Boden und werden sofort in eine Halle nahe unserer Anlegestelle eskortiert, eine Halle in der Größe einer mittleren Sportarena. Mitten in der Halle warten 10 kleine „Kassenhäuschen“ wie sie manchmal an den Einfahrten zu Parkplätzen stehen und Platz für maximal zwei Personen bieten. Davor ist mit Metallgeländern und Gurten eine Art Labyrinth aufgebaut, nach dessen Durchwandern man – je nach gewähltem Eingang – an einem der Kassenhäuschen ankommt.

Wir, und das sind die meisten der 750 Kreuzfahrtpassagiere, nähern uns dem Labyrinth und stellen fest, dass von den 10 Häuschen nur 2 besetzt sind. Außerdem durchlaufen wir erst einmal eine Gepäck- und Personenkontrolle wie am Flughafen. Es piepst bei einigen von uns, aber das scheint keinen der uniformierten Wächter zu stören, so dass wir uns nun auf das Labyrinth zubewegen kön-

nen. Im Schneckentempo! Eigentlich wollen wir Sankt Petersburg sehen, aber zunächst beäugen wir ausgiebig die Halle und beobachten, was an den Kassenhäuschen passiert. Jeder Mitreisende verweilt dort bis zu einer Minute! Kurz mal hochgerechnet, sind wir alle bis heute Nachmittag durch.

Aber überraschenderweise öffnet nach einer halben Ewigkeit noch ein und sogar noch ein weiteres Kassenhäuschen, dem wir uns nun mit doppeltem Schneckentempo nähern. Schon an Bord haben wir ein Formular mit allerlei persönlichen Daten ausgefüllt, das nun im Reisepass auf seine Bestimmung wartet.

Pässe   © Tim Reckmann@pixelio.de

Wir sind endlich dran! Wie man uns bereits auf dem Schiff gesagt hat, hält uns ein stoisch dreinblickender Uniformierter die Hand entgegen; aber nicht etwas zur freundlichen Begrüßung, sondern er fordert mit dieser Geste stumm unseren Pass mit bewusstem Papier ein. Was er damit macht, bleibt dank einer undurchsichtigen Barriere im Dunkeln. Lächeln, hat man uns empfohlen – vielleicht lächelt doch mal einer zurück!? Aber wir merken bald, dass dies chancenlos ist. Schließlich hören wir das wiederholte Hämmern eines Stempels, und wir erhalten das Komplettpaket wieder zurück. Wir sind entlassen!

Nun ja, Putin will eben wissen, wer sein Land bereist. Aber dass er genauso akribisch festhalten muss, wer es wieder verlässt, damit haben wir nicht gerechnet. Genau die gleiche Prozedur – Personen- und Gepäckkontrolle, Labyrinth und Kassenhäuschen mit streng dreinschauendem Offizier erwartet uns bei der Rückkehr zum Schiff gegen 18 Uhr. Glücklicherweise kommen nicht alle Ausflügler gleichzeitig zurück, und so verkürzt sich die Wartezeit etwas. Da wir einen Abendausflug durch die Kanäle Sankt Petersburgs gebucht haben, bekommen wir auch unser weißes Formular wieder mit. Das wird ja dann wohl die Wiedereinreise in etwa 2 Stunden beschleunigen – Russland kennt uns ja jetzt schon!?

Denkste! So, als ob wir absolute Russland-Neulinge wären, beginnt nach dem Abendessen an Bord die gleiche Prozedur wieder von vorne. Aha, jetzt sitzt ein anderes versteinertes Gesicht im Kassenhäuschen, und das kennt uns halt noch nicht. Wenigstens nehmen an diesem Ausflug deutlich weniger Personen teil, so dass wir noch rechtzeitig zum Sonnenuntergang unsere Tour mit einem – im Vergleich zu unserem Kreuzfahrtschiff – winzigen Rundfahrtboot antreten können.

Wie wir wieder auf unser Schiff zurückgekommen sind? Und wie wir am nächsten Tag Ausflug Numero 3 angetreten haben? Siehe oben!

Doppelt (und drei-, vier, fünf- und sogar sechsfach kontrolliert) hält eben auch in Russland besser!

Der Koffertransport

Inzwischen ist alles gepackt; die Papiere, nötige Medikamente und etwas Literatur sind im Handgepäck. Aber nahezu die gesamte Kleidung sowie diverse Schuhe, Waschbeutel, Bücher, Spiele, und vieles mehr haben drei Koffer gefüllt. Wohl dem, der einen Kofferträger dabeihat! Sie haben keinen? Dann könnten Sie auf diverse Transportunternehmen zurückgreifen, die Ihre Koffer von A nach B bringen. Fragen Sie Ihren Reiseanbieter, mit welchem Unternehmen er zusammen-

Koffer   © Clara Diercks@pixelio.de

arbeitet! Auch das Internet ist hier sehr hilfreich. Für eine angemessene Gebühr wird Ihr Gepäck zuhause abgeholt und Sie finden es mit etwas Glück an Bord vor Ihrer Kabine wieder. Auf dem Rückweg funktioniert das natürlich ebenfalls.

Einen Haken hat die Sache jedoch: Der Transporteur wird Ihre Koffer schon ein paar Tage vor der Anreise abholen wollen, damit er Ihr Gepäck auch rechtzeitig per LKW zum Einschiffungshafen bringen kann. Auch werden Sie nach der Heimkehr ein paar Tage auf Ihre Koffer warten müssen; packen Sie also nur Dinge in diese Koffer, die Sie nicht täglich oder sofort nach Ihrer Rückkehr brauchen!

Und wenn der Koffer doch nicht wie erwartet an oder in der Kabine auf Sie wartet? Dafür haben Sie in weiser Voraussicht etwas Wäsche und ein Reservehemd oder -bluse im Handgepäck untergebracht. Auf jeden Fall sollten Sie sich dann sofort beim Transportunternehmen oder der Schiffsrezeption melden! Mit großer Wahrscheinlichkeit kommt Ihr Gepäck dann im nächsten oder übernächsten Hafen doch noch an Bord.

Die Anreise

Das Taxi steht vor der Türe, der Schlüssel steckt im Türschloss, Sie sperren ab – und losgeht's! Zum Bahnhof, Flughafen oder direkt zum Hafen. Die Anspannung steigt. Klappt alles so wie geplant? Werden wir unser Schiff rechtzeitig erreichen? Haben wir den Herd abgestellt? Die übliche Reisenervosität eben...

Aber immer mit der Ruhe, vermutlich verreisen Sie doch nicht das erste Mal!? Ein Streik der Fluglotsen oder der Bahnbegleiter ist nicht gemeldet, die Autobahn ist auch nicht verstopft! Alles funktioniert planmäßig. Oder doch nicht? Hat der Flieger Verspätung? Steht eine Kuh auf dem Gleis? Hat sich das Taxi verfahren? Greifen Sie zum Handy und versuchen Sie, die Reederei, den Veranstalter

Bahn   © RainerSturm@pixelio.de

oder – noch besser – das Schiff zu erreichen. Die Rufnummern stehen in Ihren Reiseunterlagen! Dort wird man Ihnen sagen, wie es weitergeht bzw. wie lange das Schiff noch auf Sie warten kann. Keine Sorge, so etwas passiert sehr selten.

Voller Ungeduld nähern Sie sich nun dem Hafen, und von Weitem können Sie schon den Schornstein und schließlich die ganze Pracht Ihres Heims für die nächsten Tage oder Wochen erspähen. Es ist in Wahrheit immer größer als im Prospekt! Und so hoch! Warum kippt so ein Schiff eigentlich nicht um? Ob ich mich da zurechtfinden kann? Welches Bullauge oder Fenster gehört zu meiner Kabine? Wo geht es nun an Bord?

Wenn Engel reisen

Es ist herrlich, bei strahlendem Sonnenschein zu reisen. Aber wir haben auch nicht immer das Glück, dem Regen zu entkommen. Aber es kann auch mal so gehen wie bei unserem Ausflug in Schweden:

Die Einfahrt nach Stockholm war herrlich. Die Schären sind so abwechslungsreich, vor allem bei morgendlicher Sonne. Mini-Inselchen mit und ohne Holzhütten darauf – wir können uns richtig vorstellen, wie die Stockholmer hier ihre Wochenenden genießen können.

Unser Ziel gilt heute dem Schloss Drottningholm, dem Sommersitz der schwedischen Königsfamilie. Früher waren wir schon mal im Spätherbst in Stockholm, aber das Schloss war da nicht zu besichtigen. Das Wetter für unseren Ausflug heute war als gemischt angekündigt, aber ein paar fotogene Wölkchen stören uns nicht. Wir erreichen das Schloss per Bus, ein paar Aufnahmen sind schnell gemacht: Schloss mit Fluss, Schloss mit Baum, Schloss mit Ehefrau, ...

Dann steht eine Schlossbesichtigung auf dem Programm. Auch innen macht es viel zu oft Klick. Bis das Wachpersonal, das in jedem Raum darauf achtet, dass wir den Einrichtungsgegenständen nicht zu nah kommen, plötzlich zu den Fenstern springt und diese hektisch schließt. Was ist los? Ein Orkan? Ein Angriff von Insekten? Ein Blick durch das Fenster lässt uns unseren Augen nicht trauen: War da nicht eben noch ein herrlicher Garten zu sehen? Wo ist er hin? Alles grau! Kein Baum, keine Wolken, kein Nichts! Wie wenn man uns per Jalousie den Ausblick genommen hätte. Bei Näherkommen sehen wir, was draußen los ist; es regnet, nein, es schüttet, wie wir es noch nie erlebt haben! Und so plötzlich!

Hektisch schaut unsere ganze Gruppe nun nach Regenumhängen oder Schirmen, denn bei derartigen Sturzbächen von oben kommen wir sonst nur schwimmend zu unserem Bus zurück! Aber erst mal zurück zu unserer Führung durch die Innenräume, die sich nach weiteren 10 Minuten dem Ende zuneigt.

Vorsichtig öffnen wir die Ausgangstüre und lugen hinaus. Es ist still. Die Ruhe vor dem nächsten Platzregen? Wir wagen uns mit den Ersten hinaus, den Schirm im Anschlag. Aber was ist das? Sonne?? Von oben kein Tröpfchen! Haben wir uns das alles nur eingebildet? Ein Blick auf den Boden beweist uns aber, dass es real war: Überall Pfützen, und nicht zu kleine!

Ums Schwimmen kommen wir gerade noch mal herum, aber unsere Schuhe sind bald durchweicht. Und es werden wieder viele Fotos geschossen: strahlendes Schloss mit schwarzen Wolken im Hintergrund, Brunnen in der Sonne mit schwarzem Himmel, schöne Gärten mit Riesenpfützen.

Glück gehabt! Aber so ist es halt, wenn Engel reisen...

Das Einchecken

Meist schon bevor es an Bord geht, werden Sie einchecken müssen. Aber was ist das überhaupt? Sie kennen das vermutlich von einem früheren Hotelaufenthalt: Sie geben Ihre Personalien und eventuell Kreditkartendaten an und bekommen Ihren Zimmerschlüssel. Im Prinzip ist das genau das Gleiche. Und vielleicht ein bisschen luxuriöser. Gerne werden Sie mit einem Gläschen Prosecco empfangen. Dann heißt es: Bitte lächeln! Ihr Konterfei soll nämlich Ihren Bordausweis zieren. Den bekommen Sie meist im Austausch gegen Ihre Einschiffungspapiere und Ihren Reisepass, diese Unterlagen haben Sie ja praktischerweise im Handgepäck griffbereit. Der Bordausweis wird für die gesamte Schiffsreise Ihr persönlicher und offizieller Ausweis sein, in vielen ausländischen Häfen wird er auch als solcher voll akzeptiert. Ausnahmen bestätigen die Regel, aber darauf werden Sie an Bord bei Bedarf hingewiesen.

Kontrollieren Sie auf dem Ausweis, ob alles stimmt – einschließlich Ihrer gebuchten Kabinennummer. Es soll schon mal Zahlendreher gegeben haben, und Sie erhalten statt der gebuchten Luxussuite eine „Abstellkammer" im untersten Deck. Andersherum wäre ich erst mal ruhig…

Ihr selbst transportiertes Gepäck werden Sie nun auch los. Das Personal wird sich um den weiteren Transport zur Kabine kümmern. Dafür haben Sie im Vorfeld schon entsprechende Kofferanhänger bekommen, die Sie mit Ihrer Kabinennummer groß und deutlich versehen haben. Sollte sich Ihr Gepäckstück dennoch auf dem Weg zu Ihnen „verlaufen" haben, müssen Sie sich möglichst noch vor dem Ablegen an die Schiffsrezeption wenden. Aber noch sind Sie ja nicht an Bord!

In kleineren Häfen kann die Prozedur des Eincheckens auch erst an Bord erfolgen! Dann folgen Sie den Hinweisen und gehen an Bord.

An Bord gehen

Achtung – Sie verlassen nun den festen Boden unter den Füßen! Über eine mehr oder weniger elegante Gangway wie am Flugsteig oder über eine Art Hühnerleiter gelangen Sie an Bord. Herzlich willkommen! Und meist werden Sie auch so begrüßt. Falls das Einchecken an Land erfolgt ist, brauchen Sie auch gleich Ihren Bordausweis. Er wird beim Betreten und beim Verlassen des Kreuzfahrtschiffs gescannt, damit die Reiseleitung weiß, wer an Bord ist. Das ist wichtig um festzustellen, ob alle Passagiere eingetroffen sind bzw. später vom Ausflug zurück sind.

Gangway   © klaas hartz@pixelio.de

Aber wo ist nun Ihre Kabine? Auf welchem Deck sind Sie überhaupt jetzt? Auf einem gut organisierten Schiff stehen nun sämtliche Kabinen-Stewards und -Stewardessen bereit, um Sie zu Ihrer Kabine zu geleiten. Lassen Sie sich

nicht von den vielen Gängen, Treppen und Aufzügen ver-
wirren – das hat Zeit bis später! Folgen Sie einfach mal
blind Ihrem Leit-Steward.

Die erste Orientierung

Sind gerade alle Hilfskräfte unterwegs, könnten Sie sich auch an die ersten Orientierungsversuche wagen. In jedem Treppenhaus finden Sie großformatige Schnittzeichnungen des gesamten Schiffs. Und ein Symbol, das Ihnen den aktuellen Standort anzeigt. Und irgendwo anders steht Ihre Kabinennummer. Dabei bedeutet die erste der vier Ziffern das Deck, also das Stockwerk, in dem Ihre Kabine zu finden ist. Bei größeren Schiffen können es auch die ersten beiden Ziffern sein; dann ist Ihre Kabinennummer vermutlich 5stellig.

Nehmen Sie den Aufzug oder benutzen Sie die Treppen (auch Niedergänge genannt), um Ihr Deck zu erreichen.

Nun stellt sich die Frage: rechts oder links – pardon, an Bord heißt das steuerbord oder backbord? Auf einer Seite sind die Kabinennummern gerade, auf der anderen ungerade. Leider gibt es keine einheitliche Regelung, dass gerade Nummern immer steuer- oder backbord sind. Orientieren Sie sich an den Nummern an den Wänden der Gänge, sobald Sie auf dem richtigen Deck sind. Notfalls fragen Sie einen der vielen Geister, die durch die Gänge spuken. Diese sind damit beschäftigt, Gäste und Gepäck auf den rechten Weg zu bringen.

Apropos „fragen". Je nach Reederei ist Ihr Schiff mehr oder weniger auf deutsche Gäste eingestellt. Wenn Ihre in Deutsch formulierten Hilferufe nicht verstanden werden, wäre ein Versuch in Englisch sinnvoll, denn dies ist die internationale Bordsprache; es sei denn, Sie sprechen philippinisch, denn das Personal ist mit großer Wahrscheinlichkeit dorther.

Haben Sie Ihre Kabine gefunden? Spitze, die erste große Prüfung ist damit schon bestanden. Jetzt muss nur noch die Tür aufgehen! Dazu stecken Sie Ihre beim Einchecken erhaltene Schlüsselkarte in den Schlitz an der Türklinke oder halten Sie die Karte kurz davor; in vielen Hotels funktioniert das genauso. Meist leuchtet nach deren Entfernung ein grünes Licht auf, und die Türklinke lässt sich herunterdrücken. Am Anfang ist das fast wie ein Hauptgewinn am Spielautomaten, aber Sie lernen das sicher im Handumdrehen! Notfalls die hilfreichen Geister rufen! Oder beim Kabinennachbarn zuschauen!

Jetzt kommt der wichtigste Hinweis bezüglich Orientierung überhaupt: Gerade, wenn Sie schon etwas spät an Bord gekommen sind, drehen Sie sich in der Kabine gleich mal um und werfen Sie einen Blick auf den Fluchtplan! Nicht, dass Sie gleich mit dem Schlimmsten rechnen müssen, aber das Einzige, was Sie an Bord mitmachen MÜSSEN, ist die Rettungsübung; und das meist schon vor dem Ablegen. Studieren Sie also den Plan und merken Sie sich, wo im Notfall Ihr Treffpunkt (= Musterstation) sein wird und in welchem Rettungsboot ein Platz für Sie reserviert ist! Studieren Sie, wie Sie zum Treffpunkt kommen können, meist ist er in einem Salon oder im Theater oder in einem Restaurant.

Erst nachdem Sie sich diesbezüglich auskennen, sollten Sie die Kabine genauer inspizieren. Auch das gehört zur Orientierung, damit Sie wissen, ob und wie Sie die Klimaanlage beeinflussen können, wer was in welche Schränke verstauen kann, wie die Toilette funktioniert und vor allem wo die Rettungswesten lagern!

Der Himmel brennt

Eine Fahrt entlang der norwegischen Küste ist zu jeder Jahreszeit spektakulär. Dazu kommen die jahreszeitspezifischen Lichtverhältnisse, denn jenseits des Polarkreises gibt es zeitweise auch keinen Tag oder keine Nacht. Während die Sommernächte ihrem Namen keine Ehre machen, kann man in der Polarnacht mit viel Glück Polarlichter sehen. Wir sind Ende März unterwegs, also werden wir vermutlich weder das Eine noch das Andere erleben können, dafür braucht sich unser Wach-/Schlafrhythmus nicht umzustellen.

Aber wir haben dennoch in gewisser Weise Glück, denn der Lektor auf unserer Schiffsreise ist ein erfahrener Astrophysiker, der uns viel Interessantes über die speziellen Wetterbesonderheiten der nördlichen Regionen erklären kann. Und er meint, wir hätten eine gute Chance, noch in den Genuss des Polar- oder Nordlichts zu kommen. Er hat dafür extra eine App auf seinem Smartphone, die ihm die Wahrscheinlichkeiten verrät.

Dummerweise wird es aber erst spät abends dunkel genug sein, um das Leuchten überhaupt wahrnehmen zu können. Also wird er uns sogar bei Bedarf wecken lassen, wenn die Chancen auf Polarlicht groß genug sind – und natürlich der Himmel nicht bedeckt ist. Und nicht gerade der Vollmond alles überstrahlt.

So sitzen wir Neugierige oft spät noch in einer Bar gleich neben dem Sonnendeck. Bei unserer Fahrt gen Norden hat unser Lektor schon mal Alarm bei uns ausgelöst, jedoch war das, was da am Himmel zu sehen war, nicht eindeutig zuordenbar. Jetzt, wo es nach Süden geht, wären die Chancen besser, meint er.

Und tatsächlich, etwa auf Höhe der Lofoten, schlägt unser Lektor wieder Alarm. Also raus aufs Sonnendeck, auch wenn die Temperaturen sonst niemand hinauslocken würden. Aber siehe da – der Himmel ist schwarz! Wir warten noch ein paar Minuten, und die ersten entscheiden sich, die Wärme der Bar wieder aufzusuchen.

Da, ein verhaltener Schrei: Es kommt! Und tatsächlich, direkt über uns hat sich ein grüner Vorhang gebildet! Wir greifen zu unseren Fotoapparaten und halten sie in den Himmel. Wir werden zwar später nichts auf den Bildern sehen – das Leuchten war wohl doch zu schwach -, aber unsere Augen nehmen es deutlich wahr. Und es wird stärker!

Bald leuchtet es in einer Richtung bis zum Horizont. Grün, gelb und türkis – ein farbenfrohes Schauspiel! Es dauert rund 20 Minuten, dann wird der Himmel wieder dunkel, weil Wolken aufziehen. Und es fängt zu regnen an.

Aber in unserem Herzen ist die Sonne aufgegangen.

Die Rettungsübung

Sieben kurze Töne und ein langer – das ist das international Zeichen für einen Notfall. Der wird zwar nicht eintreffen, aber es ist wie mit den Schirmen: Nur wenn Sie einen dabeihaben, regnet es sicher nicht! Aus diesem Grund nehmen alle Passagiere an dieser Übung teil, damit der Notfall nicht eintritt.

Sie wissen ja schon, wo Ihre Schwimmweste ist. Nehmen Sie diese, ohne sie auszuwickeln oder anzulegen, unter den Arm. Mit festem Schuhwerk (keine Flip-Flops!) und einer Jacke bekleidet (ja, auch wenn es warm ist) gehen Sie nun zur Musterstation. Es gibt garantiert diverse Schilder, meist in grün, die Ihnen den Weg genau weisen.

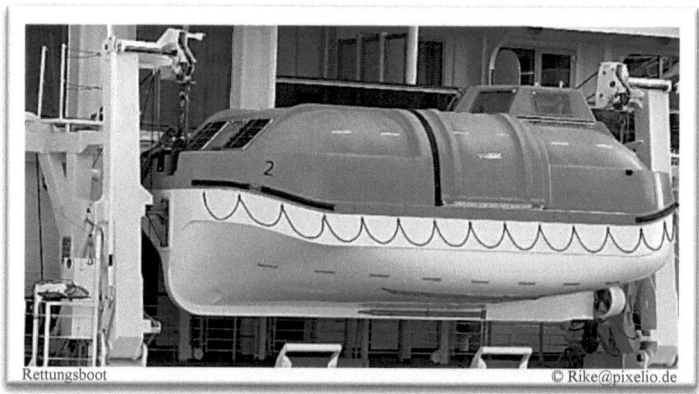

Rettungsboot   © Rike@pixelio.de

Dort angekommen, wird Ihre Kabinennummer notiert und die Gruppe auf Vollzähligkeit überprüft. Sie werden angeleitet, wie die Rettungsweste zu handhaben ist und schließlich dürfen Sie sie auch anlegen. Dann geht es im Gänsemarsch zu Ihrem persönlichen Rettungsboot, aber nur bis zur dortigen Sammelstelle. Hier wird der Sicherheitsoffizier Ihre Bekleidung sowie das richtige Anlegen der Rettungsweste überprüfen und Sie schließlich wieder aus der Rettungsübung entlassen.

Kehren Sie in Ihre Kabine zurück und verstauen Sie die orangen Westen wieder dort, wo Sie sie gefunden haben. Damit haben Sie das Pflichtprogramm absolviert, der Rest der Reise ist die Kür!

Das Auspacken

Wieder in der Kabine vereint mit allen Koffern, können Sie ans Auspacken gehen. Schließlich soll sich die gute Kleidung wieder voll entfalten können. Sie haben es schon mal gelesen: der Platz auf einem Schiff ist teuer und daher begrenzt. Und so begrenzt ist auch der Platz in den Schränken. Sie werden wohl oder übel einige Kleidungsstücke gemeinsam auf einen Bügel hängen müssen! Für Wäsche tut es zum Beispiel auch eine Art Schreibtischschublade.

Wohin mit den Koffern, die ja während der Kreuzfahrt wohl kaum gebraucht werden? Werfen Sie einmal einen Blick unter die Betten, oft ist dort noch genügend Stauraum! Auch Schuhe finden dort meist noch Platz.

Tresor   © Thorben Wengert@pixelio.de

Was tun mit den Wertsachen? Bargeld, Reiseschecks, Ausflugstickets, Schmuck, der teure Fotoapparat, … sollten nicht offen in der Kabine herumliegen. Natürlich können Sie dem Kabinenpersonal vertrauen – aber sicher ist sicher! Dafür steht Ihnen ein Safe in der Kabine zur Verfügung, der nur von Ihnen und dem Sicherheitspersonal geöffnet werden kann. Machen Sie sich also mit der bereit-

liegenden Anleitung zur Programmierung des Safes ver-
traut, am besten erst einmal ohne den Safe mit dringend
benötigten Dingen zu füllen.

Irgendwo sind sicher auch die Ladegeräte für Smartphone,
Handy und Foto-/Videokamera aufgetaucht. Wo ist eine
geeignete Steckdose? Die meisten Ladegeräte akzeptieren
Spannungen von 100 bis 250 Volt, nur der Stecker muss
in die Dose passen. Notfalls hilft die Rezeption oder die
Bordboutique mit einem Reiseadapter weiter. Und ver-
wenden Sie nicht die Steckdose neben dem Badezimmer-
spiegel, sie ist sicherheitshalber nur für kleine Verbrau-
cher ausgelegt und der Akku könnte ins Wasser fallen.

Reise ohne Ziel

Das Nordkap! Jeder schwärmt davon – wir beide auch. Im Fernsehen und in Büchern haben wir uns schon etwas vorgebildet, aber jetzt soll der Traum Wirklichkeit werden! Auf einem der wohl bekanntesten Frachtschiffe der Welt haben wir uns eine 10-tägige Reise gebucht. Mit dem norwegischen Linienschiff wird es von Bergen nach Kirkenes und zurück nach Trondheim gehen. Höhepunkt der Reise ist zweifellos ein Ausflug zum Nordkap.

Die Reise beginnt nicht ganz optimal, für den Tag des Hinflugs sind Streiks des Bodenpersonals angekündigt! Einen Tag zu warten bringt nichts, dann ist unser Schiff, die „MS Finnmarken" schon längst unterwegs. Also buchen wir spontan auf einen Flug am Vortag nach Kopenhagen um, müssen uns also schon morgenfrüh zum Flughafen auf den Weg machen. Per Internet kümmern wir uns noch schnell um eine Übernachtungsmöglichkeit in der Kopenhagener Flughafennähe, damit wir planmäßig am nächsten Tag in Bergen ankommen können. Andere Verbindungen gibt es– wegen des Streiks – leider nicht mehr.

Bergen. Wir haben es soweit geschafft, rechtzeitig und überraschenderweise auch bei strahlendem Sonnenschein. Ist Bergen nicht die Regenhauptstadt Europas? Aber so ist es uns natürlich lieber, wir gehen an Bord der Finnmarken und beginnen unsere Kreuzfahrt an der norwegischen Küste entlang von Hafen zu Hafen.

Je weiter wir gen Norden kommen, umso spektakulärer werden die Berge, die sich direkt vom Meer her erheben. Erst sind nur die Gipfel weiß, aber der Schnee kommt immer weiter herunter und schließlich gibt es kein grünes Plätzchen mehr.

In Tromsø stapfen wir bereits am Hafen durch den Schnee und freuen uns über den unverhofften und bei uns zuhause nicht mehr so üblichen Winter Ende März. Langsam nähern wir uns dem Höhepunkt unserer Reise, Honnigsvåg, denn von dort werden die Ausflüge zum rund 30km entfernten Nordkap-Felsen durchgeführt. Wetterlage: abwechselnd Schnee und etwas Sonne. Unsere Finnmarken legt perfekt an der Pier an. Wir warten auf den Aufruf zum Ausflug. Einige Busse stehen schon unten bereit. Dann kommt die Durchsage: „Wegen starker Schneeverwehungen ist es leider nicht möglich, das Nordkap mit Bussen zu erreichen!" Der Ausflug fällt ins Wasser - nein, in den Schnee!

Ein anderer Ausflug zu einem nahegelegenen Dorf findet statt, aber jetzt sind wir schon beleidigt. Wir gehen zwar von Bord und erkunden Honnigsvåg, erleben dort aber das wechselhafteste Wetter unseres Lebens: 15 Minuten greller Sonnenschein, 20 Minuten Schneesturm, dass wir fast keine Straße mehr sehen, dann wieder etwa 10 Minuten Sonne, gefolgt von einem weiteren Blizzard. Völlig durchkühlt schaffen wir es, rechtzeitig wieder zum Ablegen an Bord zu sein.

Aber wir legen nicht ab. Nach einigen Minuten folgt eine erneute Durchsage: „Wir müssen noch auf den Ausflug warten. Der Bus steckt im Schnee fest und muss erst von einer Schneefräse befreit werden!"

Nun ja, wenigstens diese Ausflügler können etwas erzählen. Für uns heißt es aber: Ziel verfehl!

Die Restaurants

Was wäre eine Kreuzfahrt ohne erstklassige Verpflegung? Dafür gibt es an Bord mehrere Restaurants – zur Selbstbedienung oder mit Service durch das Hotelpersonal. Es heißt wirklich „Hotel", denn der gesamte gästeorientierte Schiffsservice wird wie ein Hotel betrieben, und Sie sind daher auch kein Passagier, sondern ein Gast.

Eigentlich können Sie jeden Tag in einem anderen Restaurant speisen, aber das ist von Schiff zu unterschiedlich, und Sie erhalten entsprechende Hinweise spätestens nach der Buchung mit Ihren Reiseunterlagen:

Haben Sie ein Schiff gebucht, das eine feste Vergabe der Tische in Bedienrestaurants vorsieht? Dann wird Ihnen eventuell schon beim Einchecken das Lokal und die Tischnummer bekanntgege-

Gläser   © Rainer Sturm@pixelio.de

ben. Oder in Ihrer Kabine finden Sie eine entsprechende Notiz. Oder Sie werden aufgefordert, sich beim Restaurantmanager für eine Platzzuweisung zu einer bestimmten Zeit – meist vor dem ersten Abendessen – zu melden. Eventuelle Sonderwünsche versucht der Restaurantleiter sicher zu berücksichtigen!

Bei freier Tischwahl heißt es: wer zuerst kommt, „mahlt" zuerst. Beide Varianten haben Vor- und Nachteile. Bei fester Tischordnung kommen Sie schneller in Kontakt mit Ihren Tischnachbarn, dafür kann aber nicht jeder am Fenster sitzen.

Frischluftfanatikern bietet sich auch oft die Gelegenheit, die eine oder andere Mahlzeit im Freien einzunehmen. Ein kalt-/warmes Buffet oder ein reichhaltiges Angebot zur Kaffeestunde locken gerade bei warmem Wetter viele Hungrige an Deck.

In entsprechend großen Schiffen gibt es zusätzlich Restaurants, deren Benutzung nicht im Reisepreis eingeschlossen ist! Hier zahlen Sie zumindest einen Aufpreis.

Abgesehen von den SB-Buffets, werden Sie sicherlich sehr professionell von Ihrem Ober oder Ihrer Kellnerin bedient. In der Regel beginnt die Prozedur mit der Auswahl des Menüs, das aus vielen Gängen mit jeweils mehreren Wahlmöglichkeiten besteht. Aber denken Sie daran: Dies sind alles nur Angebote! Sie können auch auf den einen oder anderen Gang verzichten oder nur eine Suppe essen. Statt einem ganzen Menü könnten Sie aber auch nur drei Vorspeisen bestellen. Trauen Sie sich!

Wie in nahezu jedem Ferienhotel gibt es auch Schiffe mit All-Inclusive-Angeboten. Aber Vorsicht, „AI" bezieht sich manchmal nur auf die Menge, aber nicht auf die Auswahl. So sind harte Getränke oder bestimmte Lokale oft ausgenommen. Aber auch ohne All-Inclusive gibt es meist bei den Mahlzeiten einige kostenlose Getränke wie Tischwein rot oder weiß, Wasser oder Saft.

Sie wollen mehr? Zu essen? Das ist selten, denn außer den drei Hauptmahlzeiten wird regelmäßig ein Frühaufsteher-Frühstück, ein Vormittagsimbiss, ein Nachmittagskaffee mit reicher Kuchenauswahl und ein Mitternachtsimbiss angeboten. Dazu kommen noch Sonder-Events an Deck je nach Fahrgebiet: ein bayerischer Frühschoppen oder ein Spanferkelessen, ein Tapas-Buffet, eine Austern- oder Currywurst-Verkostung, …

Und für die Unersättlichen kann oft rund um die Uhr ein Hamburger oder eine Pizza von der Kabine aus bestellt werden.

Getränke sind da schon mehr gefragt. Und der Wasser- und Bierkonsum an Bord ist gewaltig! Dafür halten sich die Preise für Getränke meist erfreulich in Grenzen, übliche Gaststätten zuhause könnten sich gerne daran orientieren.

Das Trinkgeld

Ein unangenehmes Thema: Trinkgeld; wann, wem und wieviel? Unangenehm deshalb, weil es keine einheitliche Regelung gibt. Bestenfalls gibt es Vorschläge, und manchmal sogar „Empfehlungen", die automatisch umgesetzt werden – solange Sie nicht Einhalt gebieten.

Sie kennen den Brauch, zuhaue in Lokalen 5 bis 10 Prozent der Rechnungssumme bei guter Bewirtung und ordentlichem Service dazulassen. Auf dem Schiff zahlen Sie ja üblicherweise nicht jede Leistung direkt, wohin also mit dem Trinkgeld?

Ihr Reiseunternehmen hat Ihnen sicher im Vorfeld schon mitgeteilt, wie das am Bord gehandhabt wird.

Variante 1: Ein bestimmter Betrag, so zwischen 5 und 15 Euro pro Tag und Reisenden, wird Ihrem Bordkonto automatisch belastet. Das soll Sie von der schwierigen Entscheidung entlasten und Ihr Reisebudget dafür direkt belasten! Scheuen Sie sich nicht, dem zu widersprechen; wenden Sie sich dazu mit Ihrer Kabinennummer direkt an die Rezeption!

Variante 2: Das Trinkgeld wird gegen Ende der Reise eingesammelt, oft getrennt nach den verschiedenen Dienstleistungen Kabine, Restaurant, Unterhaltung und alles, was im Schiffsbauch den Betrieb sicherstellt. Urteilen Sie selbst, was Ihnen besonders gut gefallen hat oder wo Sie

Abstriche machen möchten! Werfen Sie die gezielt gefüllten Spendenkuverts in den dafür bei der Rezeption aufgestellten Briefkasten!

Variante 3 (eigentlich eine Abart der Variante 2): Sie geben Ihren Obolus direkt dem Ober, dem Künstler, dem Kabinensteward oder der Bardame, und das vielleicht alle paar Tage. Ein zusätzliches Lächeln ist Ihnen so sicher!

Die Ansprechpartner

Auf Ihrem Schiff wimmelt es nur so von guten Geistern, die Ihnen in jeder Lage Rat und Auskunft geben können – nur finden müssen Sie sie! Dazu gibt es auf Ihrem Schiff einen zentralen Bereich, in dem sich verschiedene Auskunftstellen befinden.

Der meistgefragte Bereich ist die Schiffsrezeption. Hier melden Sie sich, wenn Sie Fragen zu allen schiffsinternen Themen haben: Da geht es um Ausweise, Kabinen, Fundsachen. Wünsche und Beschwerden werden entgegengenommen und wenn möglich erfüllt oder abgestellt. Im Notfall wird auch der Bordarzt per Funk herbei- oder in Ihre Kabine gerufen.

Bei der Information bekommen Sie Postkarten für die Daheimgebliebenen und können sie auch gleich aufgeben. Die Mannschaft kümmert sich dann darum, dass Ihre Post im nächsten Hafen auf den Weg nach Hause geschickt wird. Diverse Schiffsandenken gibt es hier. Auch finden Sie hier einen Ansprechpartner in allen Kommunikationsfragen (Handy, Fax, Computerverbindungen, …).

Wenn Sie planen, öfters mit einem Schiff unterwegs zu sein, haben Sie sich vielleicht schon ein persönliches Bordbuch zugelegt, in dem Sie, ähnlich wie Briefmarken, künftig Nachweise über alle Ihre Seereisen sammeln wollen. Dieses können Sie hier auch gleich abgeben. Später bekommen Sie es mit Stempel und Unterschrift des Kapitäns oder Kreuzfahrtdirektors zurück.

Kreuzfahrtleiter   © edelherb

Das Bord-Reisebüro kümmert sich um Ihre Ausflüge. Haben Sie etwas gebucht, das Sie nun – vielleicht aus gesundheitlichen Gründen – nicht wahrnehmen können, oder möchten Sie noch einen Ausflug dazu buchen? Auch eine Beratung, welche Möglichkeiten es neben den angebotenen Ausflügen gibt, ist hier zu bekommen. Wünschen Sie zum Beispiel in einem Hafen ein Taxi oder eine persönliche Ortsführung, so kann dies von hier aus organisiert werden.

Da der Reiseveranstalter daran interessiert ist, Sie für weitere Reisen zu gewinnen, betreibt er auch an Bord ein eigenes Reisebüro. Dort liegen alle Prospekte des Veranstalters auf, aus denen Sie sofort Ihren nächsten Urlaub buchen können. So kann er gleich Ihre gute Urlaubslaune für weitere Umsätze ausnützen.

Nicht im zentralen Bereich finden Sie die Leute, die für Ihr leibliches Wohl zuständig sind. Alles was das Restaurant angeht, liegt in der Hoheit des Restaurantmanagers, der sich meist zu den Essenszeiten in der Nähe der Restaurants aufhält. Fragen Sie Ihren Ober danach, er bringt ihn gerne an Ihren Tisch. Für die Bars und Lounges ist sein Chef direkt verantwortlich, der Hotelmanager. Sollten Sie seiner nicht habhaft werden können, kann ihn auch die Rezeption herbeizitieren.

Mit dem Chefkoch kommen Sie normalerweise nicht in Kontakt. Ausnahmen sind Galadiners, bei denen er sich gerne am Ende zeigt, um sich seine Lorbeeren abzuholen. Und noch eine Gelegenheit gibt es, ihn kennenzulernen: Meist gleich zu Beginn einer Reise findet eine „Allergiebesprechung" statt, bei der alle Gäste mit besonderen Ernährungswünschen ihre Sorgen und Wünsche loswerden können.

Veganer und Vegetarier benötigen meist keine derartige Beratung, wenn entsprechende Gerichte auf der Speisekarte ausgewiesen sind.

Bietet Ihr Schiff eine der genannten Funktionen nicht von sich aus an, dann fragen Sie bitte bei der Rezeption nach. Schließlich sind nicht alle Schiffe nach dem gleichen Prinzip ausgestattet. Jede Wette, Ihnen kann geholfen werden!

Das seltene Foto

Tunis, 16 Uhr 30, in den 70er Jahren. Der Ausflug zusammen mit meinen Eltern und etwa 25 anderen Bus-Insassen zur Medina von Tunis war heiß, aber auch sehr interessant. Wir sind schon etwas spät dran, denn eigentlich sollte unser Schiff um diese Zeit schon ablegen – aber natürlich nicht, solange noch ein Ausflugsbus unterwegs ist! Jetzt geht es zurück zum Hafen, denn dort wartet unsere „Odessa" zur Fortsetzung unserer Kreuzfahrt durch das Mittelmeer. Das Hafengebiet ist bald erreicht, und gleich werden wir als Erstes den Schornstein mit dem markanten roten Band sehen können.

Kein Schornstein! Kein Schiff!? Doch, aber nicht mehr im Hafen, sondern schon ein, zwei Kilometer außerhalb mit Fahrtrichtung eindeutig ins offene Meer!! Meine Mutter fängt an zu zetern: „Was machen wir nur? Was machen wir nur?" Mein Vater spricht gerade aufgeregt mit unserem Ausflugsleiter. Mir fällt gerade nichts Besseres ein, ich mache ein Foto vom Hafen mit dem Heck unseres entschwindenden Dampfers.

Glücklicherweise gibt es in der Nähe einige Geschäfte, und da gibt es ein Telefon. Und unser Kapitän hat auch Telefon an Bord – über Satellit. Schließlich gelingt es unserem Ausflugsleiter, eine Verbindung zum Schiff herzustellen und die Situation zu schildern. Offensichtlich hat man gar nicht bemerkt, dass noch ein ganzer Bus voller

Ausflügler fehlt! Folglich hat der Kapitän pünktlich um 16:30 den Befehl zum Ablegen erteilt.

Was passiert jetzt? Müssen wir unserer Odessa nun per Flugzeug zum nächsten Hafen auf Mallorca folgen? Ist unsere Kreuzfahrt hier schon zu Ende? Wer nicht rechtzeitig an Bord kommt, hat ja selbst für seinen Weitertransport zu sorgen – so hat man das uns wiederholt eingebläut!

Der Kapitän hat wohl seine Schuld eingesehen, er wendet und steuert unser schwimmendes Hotel nochmal in den Hafen. Eine halbe Stunde später sind wir wieder an Bord. Aber der Schrecken sitzt uns noch in den Gliedern!

Wer, außer mir, hat schon eine Aufnahme eines wegfahrenden Schiffes, an dessen Bord man eigentlich sein sollte?

Die Besatzung

Wie viele Besatzungsmitglieder hat Ihr Schiff? Das Personal, das Sie zu Gesicht bekommen, macht weniger als die Hälfte der Crew aus! Außer Kabinen-Stewards und -Stewardessen, Kellner und Barkeeper, Rezeptionistinnen und Künstler arbeiten noch viele Geister größtenteils im „Untergrund", das heißt in den untersten Decks, die Sie als Passagier nie zu Gesicht bekommen.

Da sind Lagerarbeiter, die unter anderem die enormen Lebensmittelvorräte beschaffen und verwalten. Sie haben die Kühlhäuser unter sich. Und auch die Abfälle aus Küche und Nasszellen müssen irgendwo zwischengelagert werden, bis sie entsorgt werden können.

Da arbeitet ein Heer von Maschinisten, die für den gesamten Antrieb, die Trinkwasseraufbereitung, die Zu- und Abwasserleitungen, die Stromversorgung und vieles mehr zuständig sind.

Und selbst in der Wäscherei sind viele Hände nötig, damit Sie täglich frische Servietten und auf Wunsch frische Handtücher bekommen.

Von einer bordeigenen Näherei, Schreinerei, Spenglerei, Malerwerkstatt, … sehen Sie auch nichts, außer es steht eine Reparatur oder Verschönerung an Deck an.

Aber nicht nur im Schiffsbauch sind die fleißigen Arbeiter zu Werke, auch oben auf der Brücke gibt es immer etwas zu tun. Außer dem Kapitän sorgen diverse Offiziere aus den Bereichen Navigation, Sicherheit und Funk dafür, dass Sie beruhigt entspannen, essen, schlafen und sich vergnügen können. Dieses „höhere" Personal ist leicht an den Streifen auf den Schulterklappen

Kellner   © edelherb

erkennbar, je mehr es sind, desto höher der Rang (daher auch der Spitzname „Streifenhörnchen").

Unter dem Strich gilt als Faustregel, dass mindestens ein Drittel der Personenzahl an Bord zum Personal gehört.

Der Lotse

Ein weiteres wichtiges Mitglied auf der Brücke ist wohl noch gar nicht an Bord und kommt auch erst kurz vor dem Ablegen: der Lotse, genauer der Hafenlotse. Wozu brauchen Sie einen „Fahrwasserkundigen" an Bord, wenn das ganze Schiff – und vor allem auf der Brücke – nur so mit elektronischen Steuerungen und Messgeräten gespickt ist? Denn außer den verschiedenen Radarsystemen gibt es natürlich auch Tiefenmesser an Bord, und Seekarten mit genauen Angaben über die Fahrrinne. Wozu also?

Es gibt enge Häfen, in denen ein reger Schiffsverkehr herrscht. Es gibt Strömungen, die ganze Sandbänke innerhalb weniger Tage versetzen können. Sie fahren ja auf dem Meer, da gibt es schließlich auch Gezeiten, die eine Ein- oder Ausfahrt nur zu bestimmten Zeiten ermöglichen. Und – wo gibt es sie nicht? – Baustellen sind auch im Hafen nicht selten!

Lotse   © Erich Westendarp@pixelio.de

Da ist es gut, wenn ein Lotse an Bord ist, der über all diese Besonderheiten Bescheid weiß. Sie merken es nicht, aber er kommt kurz vor Abfahrt an Bord und bespricht das Auslaufen mit der Brückenbesatzung. Dass er auch beim Einlaufen mit einem waghalsigen Manöver während der Fahrt an Bord gekommen ist, können Sie ja nicht wissen; Sie selbst sind ja erst im Hafen auf das Schiff gekommen. Aber vor dem nächsten Hafen werden Sie es erleben können.

Das Ablegen

Das Schiff ist startklar, das Personal auf seinem Posten, und Sie sind gespannt, wann es nun endlich losgeht. Aber das bestimmt alleine der Kapitän. Und der muss auch erst das ok vom Lotsen einholen. Und der bekommt es von der Hafensicherung. Erst wenn bildlich gesprochen alle Ampeln auf Grün stehen, kann es wirklich losgehen!

Meist begrüßt Sie davor aber der Kapitän oder der Kreuzfahrtleiter per Lautsprecherdurchsage und spannt Sie damit noch mehr auf die Folter. Jetzt wäre der späteste Zeitpunkt, sich einen guten Aussichtsplatz zu suchen. Danach stehen Sie in der zweiten Reihe! Ob Sie das Panoramadeck auf halber Höhe und mit dem Umgang als Standort heraussuchen, oder gleich auf das Sonnendeck ganz oben klettern, ist Ihnen überlassen. Suchen Sie sich einen schönen Platz an der Reling, natürlich auf Kaiseite, und beobachten Sie, was sich da unten tut.

Da stehen sicher schon einige Hafenarbeiter an den Pollern, an denen die Trosse das Schiff bis jetzt festgehalten haben. Auf Befehl des Kapitäns oder seines ersten Offiziers werden diese nun gelöst und langsam an Deck eingeholt.

Wir haben abgelegt! Das ist aber noch lange nicht alles, was zu dieser Prozedur gehört. Jetzt müssen Sie die Ohren zuhalten! Denn das Schiff verabschiedet sich vom Hafen mit einem einfachen oder auch mal dreifachen Tuten aus

dem Schiffshorn. Hoffentlich stehen Sie nicht gerade davor!!

Wenn sich Ihr Gehör wieder erholt hat, vernehmen Sie
möglicherweise Musik. Ist Ihr Ohr vielleicht von der Laut-
stärke des Horns geschädigt und das ist jetzt so etwas wie
Tinnitus?

Panoramadeck   © tokamuwi@pixelio.de

Keine Sorge, auch das gehört zum Ablegen. Jede Rederei,
manchmal auch jedes Schiff, hat sich eine Ausfahrtmelo-
die zu eigen gemacht. Und diese Weise werden Sie nun
bei jeder Ausfahrt hören! Spätestens jetzt haben Sie die
Bestätigung bekommen, dass die Reise los- oder weitergeht. Nach Ende der Reise werden Sie vermutlich diese
Melodie auch dann jedes Mal summen, wenn Sie den Wagen aus der Garage fahren.

So, gehen Sie nun zum Schiffs-Alltag über? Noch nicht, denn wenn Sie nicht gerade mit einer Fähre oder einem Linienschiff unterwegs sind, haben Sie ja noch den Lotsen an Bord! Und den müssen Sie wieder loswerden.

Um dieses Schauspiel verfolgen zu können, halten Sie nun nach einem – im Vergleich zu Ihrem Kreuzfahrtschiff – kleinen Motorboot Ausschau. Statt dem Namen des Schiffes, wie auf Ihrem Dampfer, steht PILOT oder LOTSE auf dem Boot. Es nähert sich Ihnen meist von der Leeseite, also von der dem Wind abgewandten Seite. Sobald sein großer Bruder das Hafengebiet verlassen hat, kommt es dem Kreuzfahrtschiff so nahe, dass Sie meinen können, es will es rammen. Aber sobald es auf Tuchfühlung gegangen ist, klettert aus einer Luke an der Bordwand ein mit Rettungsweste ausgestattetes Männlein und verschwindet im Lotsenboot, das sofort im weiten Bogen in den Hafen zurückkehrt.

Das war es nun aber wirklich! Jetzt können Sie sich in Ihrer Kabine gemütlich zurücklehnen oder Ihr vorübergehendes Zuhause ausgiebiger inspizieren. Vielleicht wartet auch schon die erste Mahlzeit auf Sie?

Gut gebrüllt, Löwe

„El Bulli" in Roses sollte man kennen, gerade als Möchtegern-Feinschmecker! Das Spitzenrestaurant vom Experimentalkoch Ferran Adrià gibt es zwar nicht mehr, aber seine Schule ist auch schon eine Reise wert. Gerade wenn man an die Costa Brava kommt, ist der kleine Ort und seine größte Attraktion ein Muss.

Unsere Kreuzfahrt beginnt in Monaco und führt uns an Frankreichs Küste vorbei nach Spanien; erster Hafen dort ist Roses. Den Ausflug zum El Bulli haben wir vorsichtshalber schon von zuhause aus reserviert, nicht dass er dann an Bord schon ausgebucht ist.

Bereits vor der französischen Küste werden alle Passagiere darauf hingewiesen, dass wir nun den Löwengolf durchqueren werden. Wir wissen: Er ist bekannt für seine manchmal etwas ruppige Art, Schiffe und darauf Reisende zu begrüßen. Na und – wir sind seefest! Und außerdem wollen die Fische auch gefüttert werden.

Früh am Morgen weckt uns eine Durchsage, wie sie sonst nur in Notfällen gemacht wird. „Meine lieben Gäste," – so begrüßt uns der Kapitän immer – „wir haben Seegang und Windverhältnisse ausgiebig studiert und sind leider zu dem Ergebnis gekommen, dass ein Ausbooten vor Roses heute zu gefährlich ist. Wir werden daher direkt nach Barcelona weiterfahren. Genießen Sie dafür einen Seetag!"

Oh, kein El Bulli? Dafür ein ganzer Tag auf See? Was ist das für eine schreckliche Alternative!? Nichts gegen die See, aber eben kein Vergleich zum El Bulli. Ein Seetag kann von uns aus danach immer noch kommen!

Wir gehen an Deck und blicken auf das Meer. Gut, Seegang 0 oder 1 ist etwas anderes. Auch Seegang 3 bis 4 wären noch kein Hindernis gewesen, wenn wir an der Pier festgemacht hätten – aber dafür ist unser Dampfer wohl zu groß. Jetzt herrscht Minimum Windstärke 8 und Seegang um die 6. Was machen denn die beiden Leute da vornüber gebeugt an der Reling? Ach so – Fische füttern! Eben typisch Löwengolf.

Gut gebrüllt, Löwe!

Der Seetag

Guten Morgen! Wie haben Sie in Ihrer Koje geschlafen? Eigentlich sind die Betten an Bord gar nicht so schlecht. Das Frühstück war sicher reichhaltig, nur mussten Sie sich erst mal am Buffet zurechtfinden. Aber Sie haben ja noch ein paar Tage Zeit, alles zu inspizieren.

Und Zeit haben Sie heute ja im Überfluss, denn zum Einstieg in das Kreuzfahrterlebnis ist ein ganzer Seetag angesagt; auf anderen Reisen kann es auch gleich mit vollem Programm losgehen, sprich mit Ausflügen. Sie haben aber erst mal einen Ruhetag! Darum haben Sie auch schon auf das Wecken verzichtet, und das Frühstück ohne Hektik genießen können. Schließlich wollen Sie sich ja erholen!

Dann können Sie sich nun in aller Ruhe auf eine zweite Orientierungsrunde durch das Schiff machen. Geschlossene Türen, vor allem solche, auf denen „Crew only" („nur Besatzung") steht, sollten Sie erst mal meiden. Wie war das bei der Rettungsübung? Wo ist die Musterstation? Wo Ihr Rettungsboot? Das sollten Sie gleich noch einmal vertiefen! Dann geht es weiter zur Rezeption. Fragen Sie dort gleich mal, ob es einen handlichen Deckplan gibt; er würde Ihnen künftig bei der Orientierung gute Dienste leisten. Aber vielleicht haben Sie den schon in ihrer Info-Mappe in der Kabine gefunden.

Sicher lag dort auch ein Tagesprogramm für Sie bereit. Darin stehen auch die Öffnungszeiten aller Einrichtungen, die Sie nutzen können. Nur die Rezeption hat rund um die Uhr ein offenes Ohr für Sie.

Sind Sie durch alle Gänge gekommen? Wissen Sie nun auch, wo der Schiffsarzt sein Minikrankenhaus hat? Und wo die Waschmaschinen stehen? Diese Lokalitäten sind sicher weiter unten zu finden.

Im oberen Bereich haben Sie diverse Bars, Restaurants und Veranstaltungsräume besucht. Hat gerade eine Künstlergruppe geübt? Spielt ein Pianist an der Bar? Gönnen Sie sich zwischendurch mal einen Cocktail oder Kaffee; Seeluft macht durstig!

Liegestühle   © elegant_woman@pixelio.de

Ganz oben gibt es vielleicht einen Spa mit Friseur, Massagen, Sauna und Fitness-Center. Und das Sonnendeck lockt

Sie an die frische Seeluft. Was finden Sie dort? Viele Liegestühle, einige wenige sind von sonnenhungrigen Mitreisenden belegt, die meisten nur mit einem Handtuch! Aha, es sind also noch mehr Deutsche auf dem Dampfer, die Reservierungs-Manie hat ihre Spuren hinterlassen. Das Schiffspersonal hat vermutlich die Anweisung bekommen, derart reservierte Liegestühle nach einiger Zeit durch Entfernen der Handtücher wieder freizugeben, aber so lange noch freie Liegen da sind, wird sich das kaum durchführen lassen.

Vergessen Sie trotz aller Neugier nicht, dass im Tagesprogramm auch diverse Veranstaltungen angeboten wurden. Für das Fitness-Programm ist jetzt zu Beginn der Reise noch keine zwingende Notwendigkeit, aber ein Vortrag über die nächsten Häfen und die dortigen Sehenswürdigkeiten wäre wohl ganz informativ!

Aber kommen Sie erst mal zur Ruhe, versuchen Sie den Alltagsstress abzuschütteln. Das geht vielleicht noch nicht am ersten Tag, aber nutzen Sie ruhig die angebotenen Ablenkungen. Und genießen Sie das Essen. Oder ein gutes Buch. Schauen Sie doch auch mal in der Bibliothek vorbei; dort treffen sich gerne Gleichgesinnte zu einem Karten- oder Brettspielchen. Auch für Kinder ist sicher etwas dabei.

Und später geht es in die Show-Lounge. Am ersten Abend stellt sich der Kapitän persönlich vor, und zudem auch alle wichtigen Offiziere und Kreuzfahrtleiter. Und der Tag ist schneller vorbei als gedacht!

Die Unterhaltung

Haben Sie Ihre Schiffsrunde schon mittags beendet und wissen nun nicht wohin? Ausflüge gibt es erst morgen wieder. Aber werfen Sie mal einen Blick in das Tagesprogramm, das Sie in Ihrer Kabine am Vorabend gefunden haben, oder Sie schalten den Fernseher ein und dort finden es auf einem der ersten Kanäle.

Da kann es Ihnen doch wirklich nicht langweilig werden. Gehen Sie doch morgen Früh mal zur Frühgymnastik! Dann wissen Sie gegen Ende der Reise, wo Sie die gesammelten Pfunde wieder – teilweise – loswerden können. Etwas ruhiger geht es beim Yoga oder beim Chi-Gong zu. Und wenn Sie lieber ohne Anleitung trainieren wollen, dann ist das Fitness-Center mit seinen Work-Out-Geräten rund um die Uhr für Sie da.

Sport muss es nicht sein!? Dann schauen Sie mal, was tagsüber im Theater, am Lido-Deck oder in einem der Vortragsräume geboten wird: Ob musikalisch oder wissenschaftlich, sicher ist auch etwas für Ihren Geschmack dabei! Besonders empfehlenswert sind die Vorschauen auf die kommenden Häfen und Ausflüge. Da finden Sie sich dann gleich schneller zurecht und Sie erfahren möglicherweise schon mehr über den Ort, als Ihnen morgen oder übermorgen Ihr Ausflugsbegleiter im Bus erzählen kann.

Natürlich gibt es auch DAS Kreuzfahrtspiel überhaupt: Bingo. Sie kennen es noch nicht? Dann setzen Sie sich einfach mal dazu; Sie müssen ja nicht gleich Ihr ganzes Reisebudget verspielen. Eine Kurzanleitung: Sie kaufen eine Karte mit zufälligen Zahlen darauf. Dann werden, ähnlich wie beim Lotto, Kugeln aus einer Trommel gezogen. Ist eine Ihrer Zahlen dabei, dann markieren Sie diese auf Ihrer Karte. Haben Sie eine ganze Reihe oder Zeile gekennzeichnet, rufen Sie „BINGO". Und haben gewonnen, wenn Sie als erste oder erster gerufen haben.

Auch nach dem Abendessen gibt es ein umfangreiches Angebot an Unterhaltung. Die Hauptveranstaltung des Abends findet im „Theater" statt, das auch mal als Show-Lounge oder

Roulette   © Rainer Sturm@pixelio.de

ähnlich bezeichnet wird. Auch hier, wie bei den meisten Veranstaltungen, brauchen Sie keine Abendgarderobe. Aber eine lange Hose bei den Herren bzw. etwas Entsprechendes bei den Damen kann es schon sein! Meist zeigen angeheuerte Künstler ihr Können, aber auch Mitglieder der Mannschaft bringen ihre verborgenen Talente auf die Bühne, begleitet vom routinierten Bord-Orchester.

Wenn das nichts für Sie ist, gibt es oft auch ein Kino, und im Kabinenfernsehen läuft sicher auch der eine oder andere Film; siehe Tagesprogramm.

Fisch ist gesund

Wir sind mal wieder vor der Küste Norwegens unterwegs. Abgesehen von zwei Kurzstopps in Minihäfen, in denen wir nicht von Bord gehen können, ist heute ein Seetag angesagt. Also Langeweile.

Das wissen die Reiseplaner auch, und darum tun sie das, was Ihrer Funktion entspricht: sie planen etwas dagegen. Und da kommt ihnen die Tatsache entgegen, dass wir uns von Süden dem 66-sten Breitengrad nähern. Na und? Was ist daran Besonderes, könnte nun ein kreuzfahrtunerfahrener Reisende fragen. Was ist daran schon anderes als bei 65°, 55,55° oder 77,66°? Die Antwort lautet: bei 66°33' überfahren wir einen im Wasser eingebauten Sensor, der nicht etwa die Schifffahrtsampel von rot auf grün umschaltet, sondern sofort Neptun, den Gott des Meeres, aus seinem nassen Bett aufweckt! Ganz nebenbei verläuft auch bei exakt 66 und ein Drittel Grad der Polarkreis um den Globus, jene Grenze also, jenseits derer es im Winter keinen Sonnenaufgang und im Sommer keinen Sonnenuntergang gibt.

Neptun muss Russe sein (siehe „Doppelt hält besser“)! Bevor er uns in sein Reich einfahren lässt, unterzieht er uns einer harten Prüfung. Wir müssen beweisen, dass wir auch würdig sind, seine Meere zu befahren!

Pünktlich zur üblichen Imbisszeit gegen 11 Uhr ertönt es aus allen Decklautsprechern: „Alle Kreuzfahrtneulinge haben sich auf dem Sonnendeck zu versammeln, um sich vom Herrscher der Meere persönlich willkommen heißen zu lassen!" Also Händeschütteln mit einem Gott? Oder ist ein Kniefall im Protokoll vorgesehen? Wie sagt der Bayer: Schau mer mal!

Der Andrang ist groß! Alles Neulinge? Oder Neugierige? Wir tun so als ob wir zur ersten Gruppe gehören und stellen uns brav dazu. Ein Lärm bricht über die Lautsprecher los, und eine furchterregende Stimme plärrt über das Deck: „Neptun und sein Gefolge sind an Bord gekommen, um all die Novizen in sein Reich aufzunehmen. Dazu ist das Bestehen einiger Prüfungen notwendig. Prüfung 1: keine Angst vor Fischen!"

Was dann kommt, kann man sich gar nicht vorstellen! Neptun mit seinem Dreizack und Algen-Mähne betritt die Bühne, oder besser gesagt, das Sonnendeck. Ihm folgen, ebenso in Tang und Algen gehüllt, seine Meerjungfrauen. Und was tragen diese in Ihren Armen: frische Fische! Und die sind nicht zu klein! Der Reihe nach werden diese nun an

Fischkopf   © CFalk@pixelio.de

uns vorbeigetragen – das ginge ja noch! Wir müssen sie auch aufs Maul küssen (die Fische, nicht die Nixen)!!

War's das? Von wegen, jetzt kommt Prüfung 2: Der Kälte widerstehen. Dazu defilieren wir an einem großen Eimer mit Eiswürfeln vorbei, und Neptun höchstpersönlich schnappt sich eine Kelle, seine Helfer ziehen an meinem Kragen und schon rinnt ein Schwall eiskalten Wassers durch meine rückseitige Kleidung!

So, das reicht jetzt aber! Wenn da nicht noch Prüfung 3 warten würde: Mut beweisen. Schlimmer kann es nicht kommen!? Mir wird ein Gläschen Höchstprozentiges entgegengehalten. Runter damit! Nun, das ist wenigstens ein guter Ausgleich zu meinem durchnässten Rücken.

Eigentlich blieb gar keine Zeit zu schauen, wie es meiner Frau bei dieser Polartaufe erging. Wo ist sie denn? Ach, da steht sie ja, mit unserer Videokamera in der Hand und kann sie vor Lachen kaum ruhighalten. Sie hat sich das Ganze nur angesehen und meine verzerrte Mine im Film festgehalten!

Aber sie tröstet mich: Fisch sei doch soooo gesund!

Die Kommunikation

Schon bei der Entscheidung für eine Seereise war Ihnen klar, dass Sie Ihr gewohntes Umfeld verlassen werden, auch in Hinblick auf die Möglichkeiten, mit Ihren Lieben in ständigem Kontakt bleiben zu können.

Jetzt machen Sie die schmerzliche Erfahrung, dass diese Befürchtung tatsächlich wahr wird! Gut, solange Sie im Hafen liegen, könnte ein Handygespräch über einen ausländischen Roaming-Partner noch funktionieren. Die Preise dafür sind ja in letzter Zeit deutlich gesunken bzw. ganz entfallen. Auf See sieht es schon ganz anders aus: Obwohl heute nahezu alle Schiffe eine Verbindung vom schiffseigenen Handynetz via Satellit in die ganze Welt herstellen können, muss es noch lange nicht zu jeder Zeit klappen. Die verfügbaren Kommunikationswege müssen Sie sich dann nämlich mit der gesamten Schiffbesatzung und einigen Hunderten weiterer Passagiere teilen! Von den Kosten mal ganz abgesehen, denn das Schiff hat garantiert keinen Roaming-Vertrag mit Ihrem heimatlichen Provider.

Aber wollen Sie das auch wirklich? Täglich, unter dem Vorwand nur den Daheimgebliebenen Bericht erstatten zu wollen, nachzuhören, ob zuhause alles in Ordnung ist, ob es den Kindern gut geht, ob die Vertretung im Job auch alles im Griff hat?

Sie haben Urlaub!!! Und das beinhaltet auch, dass Sie sich von den alltäglichen Sorgen nicht verfolgen lassen. Wenn Sie glauben, dass es daheim ohne Sie nicht geht, dann lassen Sie sich diesmal positiv überraschen. Was würde es Ihnen denn nützen zu erfahren, dass ein Enkel Schnupfen hat, oder dass Ihre Vertretung eine Aufgabe anders erledigt hat als Sie es sonst machen? Sollte wirklich mal etwas Unaufschiebbares passieren, Sie würden es garantiert auch so erfahren, denn die Kontaktdaten Ihres Kreuzfahrtschiffes haben Sie vorsichtshalber zuhause (und nicht im Büro) hinterlassen! Man wird Sie informieren.

Kommunikation   © edelherb

In Ihrer Kabine gibt es auch ein Telefon. Außer, dass Sie damit notfalls auch nach „Draußen" telefonieren können, dient es selbstverständlich auch dazu, eine Auskunft von der Rezeption einzuholen, einen Imbiss in die Kabine zu bestellen, den Schiffarzt zu kontaktieren oder die neue Bekanntschaft in deren Kabine einfach mal so anzurufen, um einen Termin zum Tischtennis auszumachen.

Auf Ihrem Rundgang haben Sie sicher auch ein paar PCs in einer Ecke entdeckt. Diese sind extra für computerabhängige Mitreisende aufgestellt worden, damit diese nicht an Entzugserscheinungen leiden müssen. Fragen Sie im Zweifel an der Rezeption nach den Kosten und wie Sie eine Verbindung zu Ihren Lieblingsseiten herstellen können.

Die markanteste Art der Bordkommunikation ist Ihnen schon aufgefallen: die Lautsprecherdurchsagen. Nicht nur wichtige Informationen von der Brücke werden so verteilt, sondern auch die Kreuzfahrtleitung berichtet über Programmänderungen, oder dass die Restaurants nun geöffnet sind. Aber Achtung, wenn Sie in Ihrer Kabine sind, könnten Ihnen diese Informationen entgehen! Denn dort erreichen Sie automatisch nur Meldungen, die Ihre Sicherheit betreffen. Außer Sie haben in Ihrem Fernseher einen bestimmten Kanal eingestellt (oft die Nummer 1), der Ihnen auch die weniger wichtigen Nachrichten in die Kabine überträgt.

Fit-/Wellness

Nicht nur Ihr Schiff ist den Wellen ausgeliefert, auch die Modewellen schwappen über Sie her! Das haben Sie spätestens beim Besuch in der Boutique festgestellt.

Der Wellness-Trend ist auch schon angekommen! Garantiert bietet man Ihnen während Ihrer Kreuzfahrt allerlei Wohltuendes an, zum Beispiel eine Gesichts-, Hals- & Dekolleté-Behandlung für die Dame oder eine entspannende Gesichtsbehandlung für den Mann. Auch asiatische Massagen können nach einem anstrengenden Ausflug guttun.

Speziell Damen nutzen gerne die Dienstleistung des bordeigenen Friseurs, gerade vor dem großen Gala-Abend oder dem Kapitäns-Empfang.

Wer es noch ruhiger angehen möchte, besucht die Sauna, gemischt oder getrennt, ganz nach Wunsch. Fragen Sie hierfür nach den Öffnungszeiten! Einen Bademantel haben Sie sicher in Ihrer Kabine gefunden, und sollte die Größe nicht passen, besorgt Ihnen Ihr Kabinensteward einen anderen.

Mit diesem – Bademantel, nicht Steward – kommen Sie an Bord auch zu den Pools. Die Schwimmbäder sind meist mit Salzwasser frisch von draußen gefüllt, aber angenehm temperiert. Vergessen Sie nicht, sich vorher und vor allem

nachher zu duschen, sonst schwimmt eine Sonnencreme-
schicht auf dem Poolwasser, und später bleibt eine Salz-
schicht an Ihnen kleben!

Laufband   © Rainer Sturm@pixelio.de

Auch für die seelische Entspannung ist gesorgt. Einen täglichen ökumenischen Gottesdienst könnten Sie besuchen,
oder eine andere sinnliche Veranstaltung über Gedanken
zu allen Themen, die Sie und die Welt bewegen könnten.

Meditationsangebote auf dem Sonnendeck oder im Sport-
bereich finden Sie in Ihrem Tagesprogramm. Dafür ist
dann legere Sportkleidung angesagt. Eine Bodenmatte
liegt für Sie bereit, ebenso wie Handtücher; nur ein kleines
Getränk sollten Sie mitbringen.

Letzteres ist schon fast Pflicht, wenn Sie sich körperlich mehr verausgaben wollen. Laufbänder, Crosstrainer, Trimmräder gehören zur Ausstattung eines jeden Kreuzfahrtschiffs. Warum die so vernichtete Energie nicht für den Schiffsantrieb genutzt wird, wird eine offene Frage bleiben!

Darüber hinaus gibt es fast alles, was in gut ausgestatteten Fitness-Studios zum Standard geworden ist. Inklusive der speziellen Mucki-Maschinen. Da lässt sich die Reederei nicht lumpen. Aber denken Sie bitte daran, dass die Nächsten an den Geräten nicht Ihre Schweißperlen übernehmen wollen; zur groben Reinigung der benutzten Geräte, vor allem der Handgriffe, stehen leichte Desinfektionsmittel bereit!

Das Angebot zum Kalorienabbau beschränkt sich nicht nur auf die Möglichkeiten an Bord: Fragen Sie mal nach Fahrrädern, mit denen Sie im nächsten Hafen selbstständig die Umgebung auskundschaften können. Sie finden Ihre Drahtesel dann am Kai, und können dort sofort zu Ihrem persönlichen und ganz individuellen Ausflug starten. Ein kleiner Unkostenbeitrag fließt automatisch direkt von Ihrem Bordkonto in die Schiffskasse.

Das Fischefüttern

Sind Sie nun fit? Sie sind klar im Kopf und auch sonst gesund? Gut, denn dann sind Sie wohl seetauglich! Aber nicht jeder ist in dieser glücklichen Lage; statistisch wird mindestens jeder zweite Seefahrer einmal – oder öfters – unfreiwillig die Fische füttern müssen.

Die Seekrankheit können Sie auch kaum beeinflussen und schon gar nicht vorhersagen, ob es gerade Sie treffen wird. Das hängt einfach von zu vielen Einflüssen ab: Auf einer spiegelglatten See hat es wohl noch Niemanden erwischt, aber schon bei einem schwachen Seegang werden sensible Menschen bleich um die Nase. Der Mund wird trocken, kalter Schweiß bricht aus. Dazu kommen Schwindel und Übelkeit, und schließlich das Bedürfnis, dem Frühstück noch einmal zu begegnen. Aber keine Sorge, die meisten Mitmenschen erleben das nur bei sehr heftigem Seegang – und dem wissen die Kapitäne meist aus dem Weg zu gehen, respektive zu fahren.

Aber es gibt auch Fahrgebiete, in denen ist die Wahrscheinlichkeit für eine aufgewühlte See größer ist: der Löwengolf, der Ärmelkanal, Atlantiküberquerungen mit Madeira oder in allen extremen Breiten wie rund um das Kap Hoorn oder das Kap der Guten Hoffnung. Dort verteilt die Schiffsbesatzung vorsorglich Tüten überall im Schiff, denn oft reicht die Zeit nicht mehr für die Flucht zur Reling oder zur Toilette. Für Kreuzfahrt-Anfänger oder empfindliche Seelen sind diese Gebiete nicht erste Wahl!

Da der Einfluss von Wind und Wellen auf ein Schiff auch jahreszeitlich sehr unterschiedlich sein kann, empfiehlt sich auf jeden Fall eine Beratung durch einen erfahrenen Mitarbeiter im Reisebüro.

Vorbeugen kann man in gewissen Grenzen. Vom Autofahren kennen Sie vielleicht schon jene Pflaster, die man sich hinter das Ohr klebt. Die können Sie sich schon vor der Reise in der Apotheke besorgen. Beliebt sind Akupressur-Bänder, auch homöopathische Mittel können wirken.

Was tun, wenn Sie dennoch erste Anzeichen spüren? Und je früher Sie gegensteuern, umso schneller werden Sie den Spuk vergessen können. Es gilt: Ein leerer Magen ist fast genauso anfällig wie ein übervoller. Ein Aufenthalt unter Deck ohne freie Aussicht auf den Horizont ist auch nicht förderlich. Und schließlich gibt es noch einen Bordarzt, dessen Lieblingsbeschäftigung die Verteilung von Tabletten gegen Übelkeit ist.

Aber denken Sie sich nichts dabei, wenn es bei Ihnen mal so weit sein sollte, dass Sie über der Reling hängen: Auch alle berühmten Seefahrer wie zum Beispiel der große Admiral zur See, Lord Nelson, hatten mit dieser Übelkeit zu kämpfen! Und natürlich viele weltreisenden Passagiere wie Sie; auch der Naturforscher Charles Darwin war tagelang in seiner Kajüte und sehnte sich ans Festland zurück.

Dover sehen und sterben

Der Kanal-Tunnel von Frankreich nach Großbritannien ist noch eine Traumvorstellung. Wir müssen also die Fähre nehmen, wenn wir mit eigenem Auto ins Inselkönigreich fahren wollen! Aber das sollte ja kein Problem sein, denn die Schiffe verlassen Calais fast im Stundentakt.

Es ist bewölkt, ein leichter Rückenwind kann aus den planmäßigen 90 Minuten Überfahrt vielleicht auch nur 80 machen!? Aber auch der leichte Nieselregen macht uns keine Sorgen, denn die Fährschiffe sind groß, geräumig und rundum hoffentlich dicht. Pünktlich auf die Minute dürfen wir an Bord fahren, aber nicht einfach nur geradeaus in den Schiffsbauch; der bequeme Platz ist für Lastwagen und Busse reserviert! Wir lenken unser Auto – den Vorausfahrenden blind folgend – auf eine Rampe zu, die steil nach oben ins nächst höhere Deck führt. Breiter dürfte unser normaler PKW nicht sein, besser gleich die Außenspiegel einklappen! Das Heer der Platzeinweiser ist schließlich mit unserer Position zufrieden und wir dürfen aussteigen. Inzwischen stehen die nächsten Autos so knapp neben der Beifahrertüre, dass meine Frau, gelenkig wie sie zum Glück ist, sich auf der Fahrerseite mit hinausquetschen kann. Schnell verlassen wir die nach Auspuffqualm stinkende Garage und arbeiten uns zwei, drei Decks nach oben, wo wir zunächst auf dem Umgang nach frischer Luft schnappen.

Toll, der Regen hat mittlerweile aufgehört, und wir beobachten das Einschiffen der letzten Brummis und wenig später dann das Auslaufen unserer Fähre. Mit nicht erwarteter Geschwindigkeit geht es jetzt über den Ärmelkanal Richtung Dover.

Ein knappes Stündchen ist vergangen, in dem wir die berühmten Kreidefelsen von Dover immer deutlicher sehen. Allerdings haben sie währenddessen immer heftiger angefangen zu schaukeln! Oder ist es unser Schiff, das den ziemlich großen Wellen ausgesetzt ist? Wir denken an unser Auto im Bauch des Dampfers, aber dort sind ja alle Fahrzeuge mit dicken Riemen über die Räder am Boden festgezurrt worden. Denen wird es schon gut gehen.

Aber einigen Passagieren scheint es nicht so gut zu gehen! Immer wieder sehen wir jemanden an Deck torkeln, der sich schwungvoll über die Reling beugt und offensichtlich seine letzte Mahlzeit den Fischen zur Wiederverwendung überlässt. Den dabei entstehenden Geruch halten wir nur im Freien aus, denn anscheinend haben es einige Passagiere im Innenraum der Fähre nicht mehr rechtzeitig bis zur Außentüre geschafft.

Da, endlich ist die Mole des Hafens von Dover in Sicht. Das Drama wird wohl bald zu Ende sein und wir können das Schiff dem Reinigungspersonal überlassen. Zum Glück sind wir beide soweit seefest, dass uns das Geschaukel nicht zum Verhängnis wurde.

Aber was nun? Der Kapitän dreht seinen Kahn ab!? Wir stehen nun mit dem Bug im Wind; ja, wir stehen!! Es gibt zwar eine Durchsage über Lautsprecher, aber der Wind macht ein Verstehen unmöglich. Wir raten, dass es wohl dank Seitenwinden zu unsicher ist, in den Hafen einzulaufen. Und unsere Fähre ist nicht die einzige. Auch einige andere größere Pötte scheinen auf eine Flaute zu warten. Und wir warten auch. Und warten. 30 Minuten, 45 Minuten, dann endlich, nach fast einer Stunde nimmt unsere Fähre wieder Fahrt auf. Der Wind ist sehr wechselhaft, aber der Kapitän scheint nun allen Mut zusammenzunehmen und steuert jetzt wirklich zwischen roter und grüner Hafenbefeuerung in das sehr weitläufige Hafenbecken hinein. Nicht weit, dann wartet auf Steuerbord schon ein Hafenarbeiter, um die Trosse zum Festmachen in Empfang zu nehmen.

Die erste Wurfleine fliegt über Bord, und der Arbeiter zieht die Trosse an die Pier und über einen Poller. Gerade als er die nächste Wurfleine fangen will, frischt der Wind wieder mehr auf und es folgt ein Donnerschlag, der seinesgleichen sucht: die schon feste Trosse war durch die Windlast gerissen und schleudert nun durch die Gegend. Sofort heulen die Motoren unseres Schiffs wieder auf. Wir verlassen den vorgesehenen Liegeplatz wieder und steuern erneut auf die Hafeneinfahrt zu. Nicht lang, und wir sind wieder etwa da, wo wir vor einiger Zeit schon mal waren; wartend auf bessere Zeiten beziehungsweise auf weniger heftigen Wind.

Nochmal dauert es rund eine halbe Stunde, dann wagt der Kapitän einen neuen Versuch. Der Wind hat deutlich nachgelassen. Die Einfahrt verläuft reibungslos, das Festmachen auch. Das Ausschiffen kann beginnen. Nur noch ans Linksfahren denken!

Wir wissen nicht, wie viele der Passagiere nahe dem Tode waren. Wir wissen aber, dass es höchste Zeit wird, dass hier ein Tunnel gebaut wird!

Die Ausflüge

Dank der vielfältigen Möglichkeiten des Zeitvertreibs an Bord haben Sie die Seetage bestens überstanden. Aber vermutlich haben Sie die Reise nicht nur dazu gebucht, Beine und Seele mehr oder weniger untätig baumeln zu lassen, sondern sind auch an fremden Ländern mit ihren sehenswerten Städten und oft andersartigen Menschen interessiert!?

Dann haben Sie im Vorfeld der Reise bereits den einen oder anderen Ausflug gebucht (siehe *Die Buchung*). Wenn nicht, dann besteht zumindest die Chance, dass Sie das nun noch an Bord erledigen können. Aber bitte nicht erst am Morgen des Ausflugs, sondern mindestens zwei Tage vorher! Genaueres kann man Ihnen im Bord-Reisebüro sagen, oder es steht im Tagesprogramm, für wann Sie sich noch einen Ausflug reservieren können. Schließlich muss die Kreuzfahrtleitung ausreichend Busse bestellen, Plätze in örtlichen Restaurants reservieren, Eintrittskarten und lokale Reiseführer ordern, …

Bei der Auswahl Ihrer Ausflüge haben Sie natürlich beachtet, ob diese für Sie überhaupt geeignet sind! Da gibt es ganz naheliegende Beschränkungen: zum Beispiel, wenn sich zwei Ausflüge zeitlich überschneiden würden. Aber auch den Hinweis, ob ein Ausflug für Menschen mit Behinderungen geeignet ist, müssen Sie unbedingt ernst nehmen! Selbst wenn ein längerer Fußmarsch geplant ist, sollten Sie ehrlich zu Ihrem Körper sein und Ihre Fähig-keiten keinesfalls überschätzen!

Für jeden gebuchten Ausflug haben Sie eine Teilnehmer-karte erhalten. Mit dieser gehen Sie nun zum angegebenen Treff- und Zeitpunkt auf dem Schiff zur Sammelstelle; oft ist es das Bordtheater. Erst wenn alle gebuchten Teilneh-mer versammelt sind, geht es gemeinsam von Bord.

Eine andere Variante der Ausflugsdurchführung sieht eine Sammlung der Teilnehmer erst im Ausflugsbus vor. Ach-ten Sie dann auf die Busnummer auf Ihrem Ticket, denn Ihr Bus wird nicht der Einzige an der Pier sein. Sind Sie bitte auch in diesem Fall pünktlich und planen Sie daher ein paar Minuten mehr für den Gang zum Bus ein, denn in manchen Ländern müssen Sie zwischen Schiff und Bus noch eine Kontrolle passieren, die auch mal etwas Zeit in Anspruch nehmen kann – in extremen Fällen kommen auch mal 30 bis 60 Minuten für die Abfertigung vor, wo-rüber Sie die Kreuzfahrtleitung aber rechtzeitig aufklären wird.

Haben Sie einen schönen Platz im Bus gefunden? Dann merken Sie sich diesen bitte genau, denn für die Dauer des Ausflugs gehört er Ihnen! Auch nach einem Ausstieg mit Besichtigungsprogramm nehmen Sie diesen Platz wieder ein. Sollte es Ihnen erfahrungsgemäß bei Busfahrten übel werden können, sagen Sie gleich zu Beginn der Reisebe-gleitung Bescheid. Man wird Ihnen dann einen „günstige-ren" Platz organisieren, zum Beispiel in der ersten Reihe.

Also, los geht's! Zu kalt, zu warm, zu laut, zu leise? Dann melden Sie das bitte dem Busfahrer oder Begleiter gleich; es nützt Ihnen ja nichts, wenn Sie sich erst hinterher beschweren.

Bei allen Stopps, an denen Sie den Bus verlassen, merken Sie sich bitte die Stelle oder den Straßennamen. Wenn Sie am Ende einer Besichtigung noch etwas Freizeit bekommen, könnten Sie sich sonst verlaufen und finden den Bus nicht mehr zur festgesetzten Zeit. Außer ein paar Buh-Rufen der pünktlichen Reisegäste könnte dann auch mal eine Runde Prosecco fällig werden!

Aber Sie sind ja immer pünktlich wieder am Bus. Bei der kleinen oder großen Besichtigungstour zu Fuß hat der Reiseführer immer das Problem, dass seine Erklärungen nicht alle Ohren erreichen. Gerade in lauten Städten ist das auch nahezu unmöglich. Bleiben Sie daher stets in seiner Nähe, sonst verpassen Sie etwas.

Optimal ist es allerdings, wenn der Reiseleiter eine kleine Funkanlage dabeihat. Dann stecken Sie sich auf und nach Anweisung den Knopf Ihres Empfängers ins Ohr und hören nun in guter Qualität die Ausführungen des Führers. Fängt es an zu Rauschen oder unterbricht die Verbindung gänzlich, dann schauen Sie doch bitte erst mal, ob Ihr Leittier überhaupt noch in der Nähe ist und Sie den Anschluss verpasst haben!

Verlieren Sie wirklich mal den Kontakt zur Gruppe, dann versuchen Sie wenigstens, rechtzeitig zum Treffpunkt bzw. Bus zurückzukommen. Sie haben sich ja den Platz oder die Straße gemerkt oder wenigstens fotografiert? Dann helfen Ihnen sicherlich einige Passanten oder eventuell auch ein Taxifahrer, dorthin zu kommen.

Ausflug   © edelherb

Der Ausflug geht zu Ende, und Sie haben auch nichts im Bus zurückgelassen. Wenn doch, dann informieren Sie das Bord-Reisebüro so schnell wie möglich! Vielleicht ist noch ein Kollege oder zumindest der lokale Organisator im Hafen und kann sich auf die Suche nach Ihrem Gegenstand machen.

Wenn Sie den Ausflug dazu genutzt haben, das eine oder andere Souvenir in Form von Hochprozentigem oder auch Gefährlichem (Messer, Waffen, o.ä.) einzukaufen, dann sollten das gleich bei der Eingangskontrolle beim Betreten des Schiffes angeben. Eventuell wird der Gegenstand für die Dauer der Reise in Verwahrung genommen und Ihnen erst beim endgültigen Verlassen des Schiffes wieder ausgehändigt. Sicherheit wird eben ganz großgeschrieben!

In letzter Sekunde

Ein weiteres Highlight unserer Kreuzfahrt um Westeuropa ist Lorient. Dort stehen gleich drei Sehenswürdigkeiten auf dem Programm: Gleich bei der Einfahrt die U-Boot-Bunker, die in dem Film „Das Boot" eine wichtige Rolle gespielt haben. Wegen der Masse an verbautem Beton können sie nicht gesprengt werden und bleiben so als Mahnmal an Weltkrieg II erhalten. Dann werden wir die über 6000 Jahre alten Menhire und Dolmen von Carnac sehen. Und zur Erbauung besuchen wir das malerische Fischerdörfchen Saint Goustan.

Aber erst müssen wir die Meerenge vor Lorient durchqueren, um in den Hafen zu kommen. Und da stoppt unser Schiff plötzlich - schon in Sichtweite der Hafeneinfahrt. Nein, auf Grund gelaufen sind wir auch nicht, und der Lotse kam schon frühzeitig an Bord. Was ist los?

Es dauert rund zehn Minuten, dann klärt uns eine Durchsage auf: Die Meerenge ist eben eng, und auf Grund des starken Seitenwindes ist die Einfahrt zu riskant. Abwarten heißt die Devise, bis der Wind schwächer wird. Aber auch nicht zu lange, denn die einsetzende Ebbe macht ihrerseits in Bälde den Wasserstand zu neidrig; und dann ist es vorbei mit Lorient und seinen Sehenswürdigkeiten!

Nach einer weiteren Viertelstunde gibt es Neuigkeiten, aber schlechte! Der Wind bläst noch zu heftig, und der Pegelstand erlaubt uns noch höchstens weitere 15 Minuten die Durchfahrt. Lorient ade?

Fünf Minuten vor Ablauf der Frist hören wir, wie die Motoren wieder lauter werden. Wohin geht es nun, vorwärts oder rückwärts? Die Stimme aus dem Lautsprecher verkündet: Der Kapitän hat sich zur Einfahrt in den Hafen entschieden – quasi in letzter Sekunde.

Und es hat sich gelohnt; Lorient ist ein Risiko wert!

Andere Länder, andere Sitten

Zuhause ist es für Sie selbstverständlich, sich zumindest in Gesellschaft angemessen zu verhalten. Aber in anderen Kulturen gelten oft ganz andere Vorstellungen davon, was zum guten Benehmen gehört. Da auch Sie den Bewohnern anderer Länder sicher nicht gleich als ein Vertreter von Barbaren erscheinen wollen, haben Sie sich schon vor der Reise über die landesspezifischen Eigenarten erkundigt. Oder Sie haben an Bord einen der Vorträge über die nun hier verbreitete Kultur gehört.

Was sind die häufigsten „Fehler"? Ein Fettnäpfchen, in das immer Jemand tritt, ist die unpassende Kleidung. Auch wenn es in südlichen Ländern sehr warm sein kann, so sind Kurzhosigkeit und Schulterfreiheit in Städten verpönt! Bei einem Strandausflug ist das sicher kein Thema, aber wenn Sie eine Kirche besichtigen wollen und zeigen dabei Schulter oder Knie, kann das schon mal zu einem kleinen Aufstand führen. Ein Vorschlag, falls Sie gerne doch mehr Luft an Ihren Körper lassen möchten: Nehmen Sie immer ein oder zwei größere Tücher mit, die Sie sich bei Bedarf um die Hüfte, die Schulter oder sogar um den Kopf wickeln können. Damit kommen Sie dann in jedes Gebäude, und Sie können eventuell Ihre Verhüllung hinterher wieder in die Tasche stecken.

Gerade in muslimischen Ländern berücksichtigen Sie auch, dass Sie in vielen Häusern und Moscheen keine

Schuhe tragen dürfen! Strümpfe sind ok, und so kann man da auch mal „Golfsocken" sehen – die mit den 18 Löchern! Und in der Synagoge trägt der Herr einen Hut oder bedeckt ersatzweise sein Haupt mit einem Taschentuch.

Gibt man sich die Hände bei der Begrüßung? Erst der Frau, dann dem Mann, oder anders herum? Setzt man sich auf den Boden oder einen Stuhl? Isst man mit den Händen, mit Stäbchen oder mit Messer und Gabel? Darf die linke Hand dabei mitverwendet werden? Sie erwarten an dieser Stelle sicher kein Länderlexikon der Sitten und Gebräuche, aber auf jeden Fall sollten Sie sich vorab über die wichtigsten Verhaltensregeln informieren. Dann hinterlassen Sie als Vertreter aller in das Land einfallenden Kreuzfahrer den besten Eindruck und ersticken mögliche Feindseligkeiten gegen Fremde gleich im Keim.

Wollen Sie noch ein Übriges tun? Dann lernen Sie ein paar Vokabeln in der Landessprache: „Danke" und „Bitte", „Guten Tag" und „Auf Wiedersehen", „Ja" und „Nein" genügen schon. Die zunächst zurückhaltenden Einheimischen werden positiv überrascht sein und Ihnen jeden Wunsch gerne erfüllen!

Eine handbreit Wasser

„Andere Länder, andere Karten" könnten wir in folgender Geschichte abwandeln. Eine Kreuzfahrt mit aufwändiger An- und Rückreise per Flugzeug von Kontinent zu Kontinent haben wir bisher immer vermieden; aus Bequemlichkeit und zum Wohle der Umwelt. Ich höre schon die Einwände: ein Kreuzfahrtschiff verpestet doch auch die Luft! Ja, ich weiß. Aber heruntergerechnet auf jeden einzelnen Reisenden ist es doch gar nicht so viel...

Wir haben uns entschlossen, doch mal eine Ausnahme zu machen. Per Flieger geht es daher nach Caracas, Venezuela, und von dort nach einem kurzen Transfer aufs Schiff. Rund 1000 andere Kreuzfahrtbegeisterte sind mit uns an Bord, teilweise schon seit ein oder zwei Etappen einer Weltreise.

Ein Höhepunkt unseres Abschnitts ist die Einfahrt in das Orinoco-Delta, das bisher angeblich noch kein Personenschiff dieser Größe bereist hat. Also wird es eine Premiere nicht nur für uns, sondern auch für den Fluss und seinen Anwohnern. Fracht- und Containerschiffe sind dort bekannt, aber bisher eben noch keine strahlend weißen Kreuzfahrtschiffe.

Kurz vor der Einfahrt in das Delta des Orinoco nehmen wir einen Lotsen an Bord. Das ist nichts Ungewöhnliches, nahezu in jedem Hafen oder Kanal ist das auch vorgeschrieben. Es ist immer gut zu wissen, dass jemand an

Bord ist, der die hiesigen Gewässer wie seine Westenta-sche kennt. Und so gerüstet geht es nun flussaufwärts.

Es dauert nicht lange, da haben uns die Einheimischen entdeckt. Mit kleinen Booten, die mit doppelt so vielen Leuten beladen sind wie eigentlich zulässig wäre, kommen sie längsseits und begleiten uns von da an mit lauten Gesängen, aus ihren Kehlen oder aus ihren Kofferradios.

Offensichtlich haben einige Passagiere die Zurufe als Bit-ten interpretiert, doch etwas mehr oder weniger Brauch-bares über Bord zu werfen. Und so gehen diverse Artikel unserer Schiffsausstattung oder anderer Dinge, die sich als Souvenir eignen könnten, über die Reling. Bis unser Kreuzfahrtdirektor dem Treiben Einhalt gebietet.

Und dann ist es Zeit zum Umdrehen. Der Orinoco ist zwar breit, aber über seine Tiefe gibt es beim Lotsen wohl keine gesicherten Erkenntnisse. Auf dem Weg Richtung offene See fahren wir Slalom, und dann passiert es: etwas knirscht, das Schiff ruckt etwas, und dann herrscht Ruhe.

Wir sind auf eine Sandbank aufgelaufen! So ruhig war es an Bord seit unserem Auslaufen nicht mehr. Sogar das Ge-schnatter der Mitreisenden verstummt zunächst. Nur von den Einheimischen in ihren Minibooten dröhnt noch so et-was wie Musik herauf ins siebte Deck.

War's das mit unserer schönen Reise? Heute ist noch nicht mal Halbzeit, und wir sitzen im Orinoco-Delta fest und warten auf unsere Rettung. Oder bis die Menschenfresser die Bordwand erklommen haben und uns verfrühstücken.

Schauergeschichten machen schnell die Runde. Zum Glück meldet sich aber auch unser Kreuzfahrtdirektor über Lautsprecher und beruhigt erst mal unsere Nerven. Es gibt zwei Möglichkeiten: Entweder wir kommen mit auflaufender Flut wieder selbst flott, oder wir fordern einen Schlepper an – was dann aber zwei Tage dauern kann. Von Menschenfressern sagt er nichts.

Wir merken, dass die Maschine wieder angeworfen wird und das Heck langsam hin- und herschwenkt. Aber sonst passiert nichts was zu unserer Erlösung beitragen kann. Dann ist wieder Stille. Nach einer guten halben Stunde dasselbe Spiel. Und 30 Minuten später das Spiel nochmal von vorne. Etwas kratzt am Schiffsrumpf. Dann wieder Ruhe.

Eine Stunde, zwei Stunden, drei Stunden – immer das Gleiche. Nach fast vier Stunden kratzt es wieder, und plötzlich geht ein Ruck durch das ganze Schiff: Wir sind etwas zurückgefahren! Inzwischen hat sich unser Dampfer durch die bisher vergeblichen Versuche loszukommen fast um 90 Grad gedreht und steht nun mit dem Heck Richtung Ufer. Da wollen wir aber auch nicht hin! Mittels Bug- und Heckschrauben drehen wir uns nun wieder in die beabsichtigte Fahrtrichtung. Hoffentlich bekommen wir auch in dieser Richtung etwas Wasser unter den Kiel!

Und prompt – ein heftiger Qualm schießt aus dem Kamin über uns – bewegen wir uns wieder achteraus. Mit Volldampf aus der Sandbank! Zum Glück haben wir von da an immer eine handbreit Wasser unter dem Kiel.

Die Vorbereitung der Rückreise

Seetage, Ausflüge, Verköstigung; vieles war in seiner Art neu für Sie. Aber leider geht Ihre Reise auch bald zu Ende. Für den Heimweg brauchen Sie natürlich nicht so viele Vorbereitungen wie für die Anreise, aber ein bisschen sollten Sie jetzt schon an die Heimfahrt denken!

Da ist einerseits wieder die Kofferfrage. Passt noch alles hinein, oder haben Sie sich mit Andenken dermaßen eingedeckt, dass der Reißverschluss oder die Schnalle nicht mehr zugeht? Reiseprofis haben da einen Trick: Man nehme auf Reisen auch Kleidung oder Schuhe mit, die man sowieso entsorgen wollte. Die trägt man dann unterwegs noch gar auf und hinterlässt diese nicht mehr so edlen Stücke im Abfall an Bord (oder Hotel) – und schon wird wieder ein Eckchen im Koffer frei!

Platzen Ihre Koffer aus allen Nähten, dann ist guter Rat zwar nicht teuer, aber zumindest einen Weg zur Rezeption wert. Vielleicht bietet man Ihnen einen speziellen Paketdienst an oder hilft Ihnen zumindest, nach dem Ausschiffen an Land eine Transportmöglichkeit zu finden. Gerade, wenn die Rückreise per Flugzeug erfolgt, sind die speziellen Gewichtsgrenzen einzuhalten – oder das Übergepäck teuer zu bezahlen.

Wenn Sie schon bei der Anreise einen Koffer-Transportservice engagiert hatten, dann haben Sie den sicher auch für den Rückweg gebucht. Folglich brauchen Sie nur noch das richtige Etikett in den Kofferanhänger stecken und das Gepäck rechtzeitig, vermutlich am Vorabend der Ankunft, vor Ihre Kabine stellen. Der Rest wird vom Schiffspersonal und vom Transportunternehmen erledigt. Ein paar Tage später wird Ihr Koffer wieder zuhause abgeliefert. Aber Achtung: in derartig verschicktem Gepäck dürfen keine verzollbaren Artikel transportiert werden, auch nicht im Umfang der Freimengen (die könnten ja bereits im Handgepäck ausgeschöpft sein)!

Egal, auf welchem Weg das Gepäck nach Hause kommen wird, behalten Sie einige wichtige Dinge im Handgepäck oder zumindest in jenen Koffern, die Sie persönlich mitnehmen: die Kleidung für das Abschiedsdinner, Ihre Papiere und Medikamente sowieso, und all die Sachen, die Sie auf dem Weg oder gleich daheim wieder brauchen!

Denken Sie jetzt auch mal wieder an das Klima, das Sie zuhause und unterwegs dorthin erwartet. Es gäbe doch ein nettes Bild, wenn Sie nach dem Rückflug von der Karibik den Heimatflughafen bei Schneesturm in Shorts und T-Shirt verlassen!

Die Ausschiffung

Der Abschied ist gekommen! Heute geht es von Bord; meist mit einem großen weinenden, aber auch mit einem kleinen lachenden Auge – schließlich können Sie zuhause dann viele Erlebnisse erzählen und mannigfache Eindrücke schildern.

Die letzten Aktionen an Bord haben Sie erledigt; Ihren Pass und/oder das Bordbuch haben Sie wieder, Trinkgelder bei Bedarf abgeliefert, Adressen mit den Tischnachbarn ausgetauscht und letztlich alle Schränke und Schubladen kontrolliert – und vor allem auch den Safe in der Kabine, den Sie dann offenstehen lassen.

Nun sitzen Sie auf den Koffern – sofern die nicht schon vor Ihnen die Rückreise angetreten haben – und warten darauf, Ihr Heim der letzten Tage oder Wochen zu verlassen. Keine Sorge, genau wie die Einschiffung zu Beginn Ihrer Reise ist auch das Ende gut organisiert.

Hartschale   © Rike@pixelio.de

Damit nicht alle x-hundert Passagiere gleichzeitig die Gangway stürmen, wurde Ihnen im Tagesprogramm für heute Ihre persönliche Ausschiffungszeit mitgeteilt. Das richtet sich meist nach der Art des gebuchten

Transportmittels. Transfers zum Flughafen richten sich nach den Abflugzeiten, ebenso Bahnreisen nach den Abfahrtszeiten, Heimreisen per Bus kommen zu anderen Zeiten zum Aufruf, und Individualreisende können sich dazwischenschieben.

Zum letzten Mal benötigen Sie nun Ihren Bordausweis, wenn Sie das Schiff endgültig verlassen. Von da an können Sie ihn als Andenken mitnehmen oder auch vernichten; er hat seine Schuldigkeit getan.

Eventuell steht Ihnen nun noch eine Pass- und Zollkontrolle bevor, da Sie ja aus dem Ausland einreisen. Aber Sie haben ja eine „saubere Weste" und daher nichts zu befürchten!

Die Rückreise

Geht Ihnen nun das leichte Schwanken des Schiffs ab? Gerade nach mehreren Seetagen tritt gerne eine Art „Landkrankheit" im Gegensatz zur Seekrankheit auf. Automatisch schwankt Ihr Gleichgewichtsorgan noch eine Weile nach, auch wenn Sie sich nun auf festem Boden bewegen. Gehen Sie also vorsichtig in den ersten Stunden, gerade mit Gepäck!

Wenn Sie die Rückreise vom Veranstalter mitgebucht haben, kümmert er sich auch zumindest darum, Sie ins richtige Flugzeug oder in die richtige Bahn Richtung Heimat zu setzen. Folgen Sie daher den Anweisungen der Reiseleitung, und Sie kommen auch wieder wohlbehalten und einigermaßen entspannt zuhause an.

Gehören Sie zu den Individualreisenden, müssen Sie sich nun um Ihren eigenen Transport selbst kümmern. Flug, Bahn, Bus oder Privat-PKW – verlieren Sie Ihr Gepäck nicht aus den Augen! Zu schnell macht es sich dank geübter Langfinger selbstständig und verschwindet auf Nimmerwiedersehen. Deshalb tragen Sie wichtige Papiere und das Geld – zumindest das, das auf Ihrer Kreuzfahrt noch übriggeblieben ist – am besten direkt am Körper.

Der kluge Mann baut vor

Es ist Freitag, kurz nach neun Uhr. Kiel Ostsee-Kai. Eine herrliche Kreuzfahrt zu den Hauptstädten am Baltischen Meer geht für meine Frau und mich zu Ende. Zum Abschluss unserer Erholungsreise gönnen wir uns nun noch eine entspannte Bahnfahrt nach Augsburg, also der Länge nach durch fast ganz Deutschland. Mit zweimal umsteigen, und mit unseren zweieinhalb Koffern und einer Reisetasche. Aber was soll's, wir haben ja Platzkarten für die Züge! Tja, der kluge Mann baut vor!

Um 10:24 verlässt unser Nahverkehrszug nach Hamburg den Kieler Hauptbahnhof – laut Plan. Wir haben einen schönen Platz am Fenster, nur etwas warm ist es noch im Großraumwagen Numero 23. Es wird 10:25, es wird 10:30. Na ja, man wartet wohl noch auf ein paar Reisende. Diese kommen auch, und der Zug ist inzwischen bis auf den letzten Platz besetzt. Zum Glück hatten wir rechtzeitig reserviert und fast eine Stunde zum Umsteigen in Hamburg eingeplant. Unser ICE Richtung Süden soll Hamburg-Altona ja erst um 12:45 verlassen!

Jetzt ist es gleich elf Uhr, und wir stehen immer noch in Kiel am Bahnsteig!? Langsam macht sich doch eine gewisse Unruhe breit, nicht nur bei uns Beiden, auch die Mitreisenden haben wohl gemerkt, dass hier die Uhren anscheinend anders gehen. 11 Uhr und 12 Minuten. Es knistert! Eine Durchsage – und das ist die allererste – ist

kaum zu verstehen, lautet aber ungefähr so: „Sehr ver-
ehrte Reisegäste, bedauerlicherweise streikt die Klimaan-
lage im Wagen 23. Da wir die Fahrt nicht mit einer defek-
ten Klimaanlage fortsetzen dürfen bitten wir Sie, den Wa-
gen zu räumen und in einen der vorderen Wagen zu wech-
seln!" Wagen 23? Das ist ja unser Wagen! Und was meint
der freundliche Zugbegleiter mit „in einen der vorderen
Wagen wechseln"? Mit drei Koffern und einer Reisetasche
durch den voll besetzten Zug? Und was ist mit unserer
Platzreservierung? Können wir die irgendwie mitneh-
men??

Alle in unserem Wagen Mitreisenden sind schon auf dem
Weg nach vorne – die haben ja auch kein großes Gepäck
dabei! Als letzte kämpfen wir uns durch bis in den Wagen
21. Voll! Aber auch ein Zugbegleiter zwängt sich durch
die stehenden Fahrgäste. Unsere Frage nach der Platzre-
servierung wird nur mit einem Achselzucken beantwor-
tet...

Wir stehen. Nein, diesmal nicht der Zug, sondern wir
Beide und unsere Koffer vor der Toilette, denn da ist der
Gang etwas breiter. Um 11:40 sehen wir den Kieler Bahn-
hof in der Ferne verschwinden. Das wird eng in Hamburg-
Altona. Wenn der Lokführer nicht richtig Gas gibt, dann
ist auch unsere Reservierung nach München im Eimer.
Und das am Freitagnachmittag!

Zum Glück (?) kommt der Zugbegleiter zur Fahrkarten-
kontrolle nochmal vorbei. Wie kommt der eigentlich durch
die vollgestellten Flure? „Wie sieht es aus mit unserem

Anschluss in Hamburg?" Er blättert in seinem Handbuch für Notfälle und stellt sachlich fest: „Den Anschluss können Sie vergessen!" Na toll, und was dann? Wir sollen bis Hamburg-Hauptbahnhof an Bord bleiben und dort in einen anderen Zug nach Hannover umsteigen, wenn wir nicht in Karlsruhe landen wollten. Den Anschluss müssten wir erreichen. Von dort gehe es dann mit einem Berliner IC weiter nach München.

12:55. Hamburg-Hbf. Leider hatte unser geplanter Zug nicht genügend Verspätung, um ihn und damit unsere reservierten Plätze noch zu erwischen. Aber unsere neue Verbindung gen Süden hat geklappt – und das sogar am gleichen Bahnsteig und, oh Wunder, mit freien Sitzplätzen! Auch die Klimaanlage scheint zu funktionieren, denn wir sind pünktlich unterwegs nach Hannover. Aber leider nur bis Hannover!

Wieder heißt es, Koffer durch die Gänge schieben und auf den richtigen Bahnsteig treppauf und treppab zu tragen. In 20 Minuten solle es weitergehen.

Und es geht weiter. Der versprochene Zug kommt fast pünktlich eingefahren, allerdings platzt er auch aus allen Nähten! Er ist so voll wie unser erster Zug von Kiel. Sitzplatz? Fehlanzeige! Platz für die Koffer – haben wir eigentlich noch alle dabei? Kein Problem, denn wir müssen ja nicht dauernd darüber steigen wie die anderen Fahrgäste auf der Suche nach einem freien Stehplatz. Unseren Stehplatz verteidigen wir bis Würzburg, dann wird endlich

Luft im Wagen. Und es gibt nach gut zwei Stunden einige wenige Sitzplätze! Das tut gut!

Nur blöd, dass uns dieser Zug nicht nach Hause bringt, nach Augsburg. Er fährt planmäßig nur nach München und denkt nicht daran, einen Umweg über Augsburg zu machen.

19:05. Wir sind in München und suchen einen Anschluss ins gelobte Land oder zumindest nach Augsburg. Um 19:28 geht es weiter! Gemächlich, aber zielsicher steuern wir auf Augsburg zu. Sitzend, noch mit allen zweieinhalb Koffern und der Reisetasche neben uns. Und mit über zwei Stunden Verspätung.

Und hochgradig urlaubsreif!

Das Aufarbeiten der Reise

Damit Sie noch lange etwas von Ihrer tollen Reise haben werden, sollten Sie nicht gleich nach Ihrer Heimkehr alles wieder in den Schränken verstauen und zum Alltag übergehen; es wäre doch schade um die schönen Erlebnisse während Ihrer Kreuzfahrt!

Nachdem Sie sich nun auch zuhause wieder heimisch fühlen, holen Sie Ihren Fotoapparat oder Ihre Videokamera nochmal hervor und betrachten Sie Ihre Werke. Eignen sie sich vielleicht für ein Fotobuch oder einen kleinen Urlaubsfilm? Damit würden Sie mächtig Eindruck schinden bei allen, die Sie schon vorher um die schöne Reise beneidet haben. Notfalls holen Sie sich professionelle Hilfe dafür.

Ihre Reiseunterlagen, Landkarten, Beschreibungen, den Bordausweis und was sich sonst noch angesammelt hat, verdienen auch noch die Begutachtung durch Ihre daheimgebliebenen Familienmitglieder. Wer kennt schon die ganze Welt, so wie Sie es jetzt dank Ihrer Kreuzfahrt tun?

Und schließlich – nach einer Reise ist vor einer Reise! Überdenken Sie nochmal Ihre letzte. Was war besonders schön, praktisch, interessant? Was hat Sie eventuell gestört oder wäre zumindest verbesserungswürdig? Die Kabine nur mit immer geschlossenen Bullaugen? Die festen Tischzeiten? Generell der Altersdurchschnitt? Vielleicht die Bordsprache, wenn Sie nicht Ihre eigene war? Die

Länge der Reise? Die Anzahl der Seetage oder die Häufigkeit der Ausflüge?

Machen Sie sich eine kurze Notiz dazu und berücksichtigen Sie diese, wenn es an das nächste Abenteuer geht! Schiffsreisen bucht man ja schon ein Jahr in Voraus; blättern Sie in einer Mußestunde mal die neuen Kataloge durch. Und wenn Sie Ihre Erfahrungen in die nächste Reiseentscheidung mit einbringen, dann ist sogar noch eine Steigerung des Vergnügens möglich.

Gute nächste Reise!

persönliche Notizen